基于情境的复杂消费产品（CCPs）企业核心竞争力形成机制研究

张琳琳 ◎ 著

中国财经出版传媒集团

经济科学出版社
Economic Science Press

图书在版编目（CIP）数据

基于情境的复杂消费产品（CCPs）企业核心竞争力形成机制研究/张琳琳著．—北京：经济科学出版社，2021.9

ISBN 978 - 7 - 5218 - 2890 - 0

Ⅰ．①基…　Ⅱ．①张…　Ⅲ．①企业竞争 - 核心竞争力 - 研究 - 中国　Ⅳ．①F279.2

中国版本图书馆 CIP 数据核字（2021）第 188597 号

责任编辑：袁　溦
责任校对：王肖楠
责任印制：王世伟

基于情境的复杂消费产品（CCPs）企业核心竞争力形成机制研究
JIYU QINGJING DE FUZA XIAOFEI CHANPLN（CCPs）QIYE HEXIN JINGZHENGLI XINGCHENG JIZHI YANJIU
张琳琳　著
经济科学出版社出版、发行　新华书店经销
社址：北京市海淀区阜成路甲 28 号　邮编：100142
总编部电话：010 - 88191217　发行部电话：010 - 88191522
网址：www. esp. com. cn
电子邮箱：esp@ esp. com. cn
天猫网店：经济科学出版社旗舰店
网址：http：//jjkxcbs. tmall. com
北京季蜂印刷有限公司印装
710×1000　16 开　13 印张　180000 字
2021 年 9 月第 1 版　2021 年 9 月第 1 次印刷
ISBN 978 - 7 - 5218 - 2890 - 0　定价：56. 00 元
（图书出现印装问题，本社负责调换。电话：010 - 88191510）

本书是辽宁省社会科学规划基金重点项目（L20AGL003）的阶段性研究成果。

前　言

复杂消费产品作为一种具有较高技术、高附加值和规模化生产的消费产品，在复杂技术产品中占有重要地位，是一国保持创新活力、占有技术领先优势以及市场竞争优势的重要来源，同时也是中国提高制造业水平、实现技术和经济追赶、促进产业结构升级的重要领域。近年来，在以汽车等为代表的复杂消费产品领域，中国虽然建立了自己的产业链条，与发达国家相比仍然存在一定差距。但是，通过现实观察也发现，中国一些复杂消费产品企业在激烈竞争的市场环境中生存并快速发展起来，那么是什么因素促使这些企业形成优异的绩效表现？尤其是我国正处于追赶阶段，技术能力薄弱，经济一体化和市场的逐步开放导致劳动力和政府在中国企业竞争优势获取方面的作用在逐渐减少。在这种条件下，如何摆脱技术困境从而成功识别和利用机会对于复杂消费产品企业又提出了更高的挑战。

基于这一现实问题，本书基于情境理论，采用访谈法、单案例研究和多案例研究，筛选代表性复杂消费产品企业，运用扎根理论同时结合 Rost. CM 内容分析软件，深入捕捉和追踪形成复杂消费产品企业核心竞争力的关键情境要素，构建复杂消费产品企业核心竞争力形成机制的概念模型，同时对不同核心竞争力维度的形成及演化机理进行了探索。研究在理论上的贡献与创新点主要体现为如下三点：

第一，探索出形成复杂消费产品企业核心竞争力的三个关键情境要素。

情境理论为企业核心竞争力的形成提供了重要的启示，作为存在于组织内外部的现象和刺激因素，各种独特的情境不仅造成企业许多关键战略要素的区别，而且其他诸多的管理实践也不尽相同。现有研究中，虽然许多学者就形成企业核心竞争力的关键情境要素及其对企业绩效和创新等各种竞争表现的影响展开了广泛的研究，然而鲜有研究对特定产品（复杂消费产品）企业核心竞争力形成过程中依靠何种情境要素提供充分的解释。基于此，本书采用访谈法，选取九家涵盖不同产品类型的复杂消费产品企业，通过扎根理论对形成复杂消费产品企业核心竞争力的关键情境要素进行研究。提出敏捷供应链、快速学习和艰苦奋斗态度是形成复杂消费产品企业核心竞争力的三个关键情境要素，其中，快速学习和艰苦奋斗态度是已有研究中尚未提出的两个关键情境要素。进而从新的视角（情境视角）打开了影响复杂消费产品企业核心竞争力的要素“黑箱”，为其获取持续竞争优势提供新的理论解释。

第二，构建了基于情境的复杂消费产品企业核心竞争力形成机制模型。

由于现有研究多集中于对形成企业核心竞争力的某一情境要素的探讨，对多个情境要素及其之间的作用关系尚未进行充分的探讨。因此，本书采用访谈法，针对特定产品（复杂消费产品）企业探讨其核心竞争力的形成机制。在提出三个不同层次情境要素的基础上，分析出敏捷供应链、快速学习和艰苦奋斗态度三个不同层次情境要素之间的互动关系对企业核心竞争力的影响，构建了情境要素对复杂消费产品企业核心竞争力作用的机制模型。本书丰富了已有形成企业核心竞争力的情境要素（敏捷供应链）与新探索出的两个关键情境要素（快速学习和艰苦奋斗态度）之间的影响机理，同时有助于揭示不同情境要素在形成复杂消费产品企业核心竞争力过程中的深层作用机理。

第三，探索出复杂消费产品企业供应链敏捷性、快速学习和员工艰苦奋斗态度的形成与演化机理。

鉴于已有研究鲜有对形成企业核心竞争力的具体情境要素如何形成与演化机理的深入探讨。本书采用案例研究方法，使用扎根理论的开放式编码、主轴编码和选择式编码三个步骤并结合运用 Rost. CM 内容分析软件对多个来源数据进行分析得到复杂消费产品企业供应链敏捷性和快速学习的形成与演化机理，以及艰苦奋斗态度的形成机理。从距离、协作丰富和交易规制三个方面，补充了复杂消费产品企业供应链敏捷性的独特形成机理，探索出形成要素的不同作用，提出协作丰富性和交易规制是实现供应链敏捷性的焦点要素，同时打开复杂消费产品企业供应链形成敏捷性的过程中辅助和焦点要素的动态演化与供应链敏捷表现的“黑箱”；从不同知识的不同学习方面，丰富了快速学习的独特形成机理，识别出复杂消费产品企业形成快速学习的过程中，通用和核心等不同层面的知识与拿来主义、模仿学习和合作学习等三种学习形式的动态配置及演化；从艰苦奋斗基因方面揭示了艰苦奋斗态度的独特转化机理，同时将独立作为企业员工工作态度影响要素的组织支持和变革型领导相结合，进而系统地梳理由单一要素无法解答的复杂消费产品企业员工艰苦奋斗态度的形成机理。

本书结构安排如下：第 1 章，提出本书的研究背景、问题和意义，并介绍所采用的研究方法、技术路线以及研究内容和主要创新点；第 2 章，从复杂技术产品、企业核心竞争力和情境三个角度对相关文献进行综述和分析；第3章，提出形成复杂消费产品企业核心竞争力的关键情境要素和机制模型以及各核心竞争力维度形成与演化机理的研究框架和研究方法；第4章，基于访谈法对形成复杂消费产品企业核心竞争力的关键情境要素进行探索，构建机制模型以揭示敏捷供应链、快速学习和艰苦奋斗态度等不同层次的情境要素对复杂消费产品企业核心竞争力的影响机理；第5章，运用探索性单案例研究方法探讨复杂消费产品企业供应链敏捷性的形成机理，同时分析距离、协作丰富、承诺、适应性和交易规制等影响要素的不同作用及其在不同阶段的动态演化；第6章，采用探索性单案例研究方法探讨复杂消费产品企业快速学习的形成机理，同时揭示各阶段通用和核心等不同层面的知识与拿来主义、模仿学习和合作学习等三种学习形式之间的动态配置与演化；第7章，采用归纳性多案例研究方法，探讨复杂消费产品企业员工艰苦奋斗态度的形成机理，分析组织支持、变革型领导和艰苦奋斗基因对艰苦奋斗态度形成的影响过程；第8章，论述本书的主要结论和创新点，提出研究的不足与未来展望。

由于水平有限，书中难免存在不当之处，恳请各位读者不吝赐教。

张琳琳

2021年7月31日

目录
CONTENTS

第1章

绪　论

作为研究的开始，本章将介绍本书的研究背景，界定研究问题，阐述研究意义，描述研究方法与技术路线，同时说明本书的研究内容与结构安排以及研究的创新点。

1.1　研究背景

复杂技术产品是任何个人都无法完全理解并且能跨越时空进行充分沟通的产品，如汽车、航空器、电信设备、计算机、电子设备和新材料等（Kash & Rycroft，1998）。包括复杂装备产品（复杂产品系统）、复杂消费产品、复杂制造设备和复杂互联网技术（IT）产品（Kash & Rycroft，2000）。

美国学者卡什和莱克罗夫特（Kash & Rycroft，1997）在20世纪90年代前期已经注意到复杂技术产品对当代经济发展和社会发展的重大影响，卡什（1997）在研究了20世纪70年代国际贸易构成的变化后发现，复杂技术产品在世界出口贸易中的份额越来越大。同时，复杂技术产品在发达国家制造业中的比例日益提高（Kash & Rycroft，2000），对其就业和经济发展都非常重要（Miller et al.，1995），是发达国家继续维持发展的战略高地和保持创新活力、占有技术领先优势以及市场竞争优势的重要领域。此外，鉴于未来最重要的技术都是复杂的（Kash & Rycroft，2000），复杂技术产品的创新和管理已成为各国实践工作和理论研究关注的焦点。

作为复杂技术产品的一个重要子领域，复杂消费产品是一类具有较高技术、高附加值、涉及多种知识和技能的消费产品，是规模化生产的复杂系统（Kash & Rycroft，2000）。从产业地位看，复杂消费产品是最终消费品，位于产业链条末端，但同其他简单消费品相比，复杂消费产品本身又具有很多独一无二的特征：以轿车为例，它由万级单位的零部件组成，价格即使是中低档轿车，也在几万人民币以上；从社会需求量看，单一类型的复杂消费产品的全球保有量已达到亿位计算，其中，部分产品的年需求量已达到千万以上，需求方面的力量决定了复杂消费产品比机车等单件小批量生产的复杂产品系统在现代经济和社会发展中更具有支柱作用。例如，奇瑞汽车（中国）2011年实现累计汽车产量300万辆，大连机车厂的各类机车年产量仅为600台；从经济总量比例上看，汽车、手机和个人计算机（PC）等产品的工业产值已占国民经济总量的20%，成为国民经济的主导产业；从技术特点看，复杂消费产品涉及多种知识和技能，零部件数量多，涉及供应链中的众多企业，是应用机器人、数控机床和自动生产线等的最大产业。运用大量新材料、新工艺、新设备和电子技术，同时与钢铁、冶金、橡胶、石化、塑料、玻璃、机械、电子、纺织、商业、维修服务业、保险业、运输业和公路建筑等行业相关（路风，2006），复杂消费产品的投入产出，对整个工业发展能够产生双倍的带动作用，相较复杂制造设备和复杂IT产品具有更加高度的产业关联性（如汽车工业对辅助产业与相关产业的拉动效应为1：7：11），决定着一个国家的工业化程度，是“牵动中国社会经济神经的产品”。因此，复杂消费产品本身的市场和技术特征决定了其在复杂技术产品中的重要地位，它的竞争能力是中国提高制造业水平、实现技术和经济追赶、促进产业结构升级的重要领域。

1.2 研究问题与研究意义

1.2.1 研究问题

根据前面的研究背景发现，复杂消费产品企业的竞争优势对于中国经济的增长和追赶至关重要，那么什么因素能够促进这些企业形成优异的绩效表现就必然成为实践工作和理论研究关注的焦点。

实践层面的问题提出，复杂消费产品作为一种具有较高技术、高附加值和规模化生产的消费产品，在复杂技术产品中占有重要地位。是一国保持创新活力、占有技术领先优势以及市场竞争优势的重要来源，同时也是中国提高制造业水平、实现技术和经济追赶、促进产业结构升级的重要领域（吴晓波，2006）。通过现实观察可以发现，中国一些复杂消费产品企业在激烈竞争的市场环境中生存并快速发展起来。例如，整个手机行业来看除了三星和苹果，很多国外企业都出现利润下滑，而中国厂商变得不断强大。此外，在外资品牌在中国设立研发中心，加强对中国的战略性投资，大规模转移生产能力，以本地化品牌的姿态抢占中国市场的激烈竞争下，海尔在全球市场成功构建了市场份额，并超越欧美企业成为产业领导者。世界权威调研机构欧睿国际发布的全球大型家用电器品牌零售量的调研结果显示：2020 年海尔全球大型家用电器品牌零售量第一。那么是什么因素促使这些企业能够形成优异的绩效表现呢？尤其是我国正处于追赶阶段，技术能力薄弱，经济一体化和市场的逐步开放也导致劳动力和政府在中国企业竞争优势获取方面的作用在逐渐减少。在这种条件下，如何摆脱技术困境从而成功识别和利用机会对于复杂消费产品企业又提出了更高的挑战。

理论层面的问题提出，由于复杂技术产品对当代经济和社会发展有重大影响，因此，复杂技术产品的创新和管理等研究就成为各国尤其是后发国家理论研究关注的焦点，众多学者对复杂技术产品进行了深入和详细的研究。然而，这些研究主要聚焦于复杂产品系统子类别和具体产品两个视角，较少对复杂消费产品子领域进行研究。由于与复杂产品系统相比，复杂消费产品在技术、生产、市场、竞争与合作和创新等方面均表现出独特的性质，而与复杂消费产品的某一具体产品类型相比，这些特征则是不同产品类型特征的交集。因此，已有复杂技术产品的相关理论不能很好地解释和指导复杂消费产品的管理与实践。此外，在对形成企业核心竞争力的关键因素进行研究的文献中，情境理论提供了重要的启示。情境（context）是存在于组织内外部的各种现象或刺激因素，它与现象有关并有助于解释现象的周边环境（Mowday & Sutton，1993）。在经济形态不同的国家，或是在不同的组织情境下，人们的行为反应、企业能力和组织结构等存在着显著差异（Chen，1995）。各种独特的情境不仅造成企业许多关键战略要素的区别，其他诸多的管理实践也不尽相同（蓝海林等，2012）。情境化视角的研究有利于从更加宏观的和全面的角度看待问题，解决某些用现有理论无法解释的问题。情境为新构念和新现象的涌现提供了丰富的沃土（Tsui，2004），无疑是企业核心竞争力形成的重要因素。虽然已有文献就具体情境因素及其对企业绩效和创新等各种竞争表现的影响展开了广泛的研究，清楚地显示了形成企业核心竞争力的关键因素，然而对重要产品（复杂消费产品）企业核心竞争力形成过程中依靠何种情境因素这一问题还不甚清楚，而特定产品企业可能具有与“普适”理论完全不同的情境。此外，现有文献多集中于对某一情境因素的探讨，缺乏对多个情境因素及其作用关系的研究，而企业往往受多个情境因素的综合影响，不同情境因素之间也存在一定的逻辑关系，这对于理解核心竞争力的形成至关重要，对这些问题的忽视容易导致对研究问题的不充分解释。同时，现有文献对具体情境因素如何形成的研究也非常有限，这使得进一步深入探究与发展各情境因素存在一定的困难。而且，某些情境在不同的阶段受环境条件等的影响往往需要不同的形成要素，因此为了能够深入了解这些情境因素的形成机理，还需对其机理的演化特征进行研究。

基于上述现实和理论问题，本书筛选代表性复杂消费产品企业，对以下问题进行研究：以情境理论为基础，对形成复杂消费产品企业核心竞争力的关键情境要素和机制模型进行解析，即在众多形成企业核心竞争力的情境要素中，哪些要素对复杂消费产品企业绩效的影响效果更为明显，也即能够形成企业的核心竞争力，此外，它们如何相互作用提高企业的竞争表现。同时，为深入理解形成复杂消费产品企业核心竞争力的关键情境要素，以指导快速变化环境下复杂消费产品企业的具体竞争实践，本书对各情境要素的形成与演化机理进行深入研究。

1.2.2 研究意义

本书立足于实践和理论的需要，结合情境理论，采用访谈法、单案例研究和多案例研究，运用扎根理论同时结合 Rost. CM 内容分析软件，深入捕捉和追踪形成复杂消费产品企业核心竞争力的关键情境要素和机制模型以及各情境要素的形成与演化机理，具有一定的现实意义和理论创新性。

(1) 理论研究意义。复杂技术产品领域的相关理论主要聚焦于复杂产品系统子类别和具体产品两个视角，较少对复杂消费产品整体进行研究。由于与复杂产品系统相比，复杂消费产品在技术、生产、市场、竞争与合作和创新等方面均表现出独特的性质，而与复杂消费产品的某一具体产品类型相比，这些特征则是不同产品类型特征的交集，因此，已有复杂技术产品的相关理论不能很好地解释和指导复杂消费产品的管理与实践，需要新的理论予以指导。此外，在对形成企业核心竞争力的关键因素研究的文献中，情境理论提供了重要的启示，众多学者就具体情境因素及其对企业绩效和创新等各种竞争表现的影响展开了广泛的研究，清楚地显示了形成企业核心竞争力的关键因素。但已有研究对重要产品（复杂消费产品）企业核心竞争力的形成过程中需要具备何种情境因素这一问题还不甚清楚，而特定产品企业可能具有与“普适”理论完全不同的情境因素。此外，现有文献多集中于对某一情境因素的探讨，缺乏对多个情境因素及其作用关系的研究，而企业往往受多个情境因素的综合影响，不同情境因素之间也存在一定的逻辑关系，这对于理解核心竞争力的形成至关重要，对这些问题的忽视容易导致对研究问题的不充分解释。同时，现有文献对具体情境因素如何形成的研究也非常有限，这使得进一步深入探究与发展各情境因素存在一定的困难。而且，某些情境在不同的阶段受环境条件等的影响往往需要不同的形成要素，因此为了能够深入了解这些情境因素的形成机理，还需对其机理的演化特征进行研究，在此理论研究背景下，本研究针对形成复杂消费产品企业核心竞争力的关键情境要素和机制模型及各情境要素的形成与演化机理进行了较为系统的研究，研究的理论意义主要表现为如下几点：

其一，本书从情境视角入手探索形成复杂消费产品企业核心竞争力的关键情境要素，在提出敏捷供应链、快速学习和艰苦奋斗态度等三个不同层次情境要素的基础上，析出不同层次情境要素之间的互动关系对企业核心竞争力的影响，构建了情境要素对复杂消费产品企业核心竞争力作用的机制模型。这有助于从新的视角（情境视角）打开复杂消费产品企业核心竞争力形成机制的黑箱，推动复杂技术产品以及企业核心竞争力形成机制相关理论的研究。

其二，本书从合作关系视角入手探讨各个阶段不同类型的合作关系对复杂消费产品企业供应链敏捷性的作用机理。有助于弥补特定产品（复杂消费产品）企业供应链敏捷性形成机理研究的不足。同时各个阶段的合作关系分类与演化逻辑能够揭示合作关系的深层作用机理。

其三，本书从知识视角入手探讨通用和核心等不同层面的知识与拿来主义、模仿学习和合作学习等三种学习形式的动态配置及演化对复杂消费产品企业快速学习的作用机理。这有助于推动组织学习的形成机理研究，其中，各阶段对不同知识的不同学习有助于揭示组织学习的深层形成机理。

其四，本书从社会交换视角入手探讨不同类型的社会交换对复杂消费产品企业员工艰苦奋斗态度形成的作用机理，结合组织和领导要素，对基于单一要素无法理解的复杂消费产品企业员工的艰苦奋斗态度进行了有效的解释。有助于打开复杂消费产品企业员工艰苦奋斗态度形成机理的“黑箱”。此外，本书对员工工作态度的形成机理研究具有一定的启示，基于组织和领导的整合逻辑有助于突破现有员工工作态度的研究范式，从而推动两种视角的融合。

（2）实践研究意义。汽车、手机和 PC 等具有高度产业关联性的复杂消费产品是一国竞争优势的主要来源和经济发展的动力，是国民经济的主导产业和支柱产业，决定着一个国家的工业化程度，对整个工业发展能够产生双倍的带动作用，同时它也是“牵动中国社会神经的产品”，其竞争能力是中国提高制造业技术水平，实现技术和经济追赶，促进产业结构升级的重要领域。基于此，本书基于情境理论探讨形成复杂消费产品企业核心竞争力的关键情境要素和机制模型及各情境要素的形成与演化机理，本书对于指导复杂消费产品企业的竞争实践，在快速变化环境下维护和构建自身核心竞争力具有重要的现实意义，具体表现为如下几点：

其一，研究有助于指导复杂消费产品企业构建核心竞争力。本书基于情境理论，探索出敏捷供应链、快速学习和艰苦奋斗态度三个关键情境要素对复杂消费产品企业核心竞争力形成的积极作用以及他们之间的互动关系对核心竞争力的影响，这为复杂消费产品企业核心竞争力的形成与构建提供了理论指导和可参考的实践路径。

其二，研究有助于指导复杂消费产品企业运用不同类型的合作关系以形成敏捷的供应链，从而为复杂消费产品企业构建核心竞争力提供进一步的实践路径。本书基于合作关系的视角探索出距离、协作丰富、承诺、适应性和交易规制影响复杂消费产品企业供应链敏捷性的形成，这些影响要素并不具有相同的重要性，而是分为辅助要素和焦点要素。其中，距离、承诺和适应性是形成供应链敏捷性的辅助要素，协作丰富和交易规制是形成供应链敏捷性的焦点要素，对实现供应链的敏捷性具有决定作用。此外，在供应链发展的不同阶段，焦点要素和辅助要素表现出演化特征：从供应链初期的距离和协作丰富向协作丰富、距离和承诺以及协作丰富、承诺、适应性和交易规制演化，为企业在不同阶段根据自身资源建立合适的合作关系以形成敏捷供应链提供理论指导。

其三，研究有助于指导复杂消费产品企业针对不同的知识类型选择合适的学习模式以形成快速学习，同时为复杂消费产品企业构建自身核心竞争力提供进一步的实践路径。本书基于知识视角探索出拿来主义、模仿学习、合作学习和基于不同知识的不同学习影响复杂消费产品企业快速学习的形成。其中，拿来主义、模仿学习和合作学习奠定了复杂消费产品企业快速学习的基础，而基于不同知识的不同学习则进一步提高了复杂消费产品企业学习的速度与有效性。其中，不同学习包括在各个阶段，不同的学习形式和不同的学习程度两层含义。从引进技术阶段、吸收阶段到合作阶段，核心知识采用拿来主义、拿来主义（为主）和模仿学习以及拿来主义和合作学习（为主）的学习形式，通用知识采用拿来主义、拿来主义和模仿学习（为主）以及拿来主义（为主）和合作学习的学习形式，这为指导复杂消费产品企业在不同阶段根据不同的知识采取不同的学习模式以形成快速学习提供理论方面的依据。

其四，研究有助于指导复杂消费产品企业运用不同的社会交换关系以形成艰苦奋斗态度，同时为复杂消费产品企业构建核心竞争力提供进一步的实践路径。本书基于社会交换视角探索出组织支持、变革型领导和艰苦奋斗基因影响复杂消费产品企业员工艰苦奋斗态度的形成。其中，组织支持是形成复杂消费产品企业员工艰苦奋斗态度的保健要素，变革型领导是形成复杂消费产品企业员工艰苦奋斗态度的激励要素，艰苦奋斗基因是形成复杂消费产品企业员工艰苦奋斗态度的转化要素，这为企业采用合适的社会交换关系以形成员工的艰苦奋斗态度提供理论指导。

1.3 研究方法与技术路线

1.3.1 研究方法

本书利用访谈研究和案例研究法以期对形成复杂消费产品企业核心竞争力的关键情境要素和机制模型及情境结构维度的形成与演化机理进行识别，书中所使用的研究方法包括文献研究、访谈研究和案例研究多种方法。

第一，采用文献研究法对复杂技术产品、企业核心竞争力、情境、敏捷供应链、组织学习和员工工作态度等相关的研究成果进行系统梳理。首先基于复杂技术产品、企业核心竞争力和情境的相关研究总结已有研究的进展和结论，并在已有研究的启示下提出需要进一步研究的问题，以明确本书的研究方向和理论层面的研究价值。其次，为了缩短研究范围并指导资料的收集过程，在每一章研究主题的指导下，在对已有问题相关研究进行总结和分析的基础上，提出能够解决研究问题的理论视角和研究框架。最后，深入理解扎根研究中所涌现的现象，指导并定义编码所得出的范畴。

第二，采用访谈研究，选取属于不同范畴的九家代表性复杂消费产品企业进行访谈，然后通过扎根理论离析出形成复杂消费产品企业核心竞争力的关键情境要素和机制模型。

第三，采用案例研究，在第5、第6章分别以典型的复杂消费产品企业YL通信的供应链和典型的复杂消费产品企业HC汽车为研究对象。在第 7 章以涵盖不同产品类型的三家复杂消费产品企业为案例样本，通过扎根理论探索复杂消费产品企业供应链敏捷性和快速学习的形成与演化机理以及艰苦奋斗态度的形成机理。

1.3.2 技术路线

综合以上的研究方法，本书的技术路线见图 1－1。

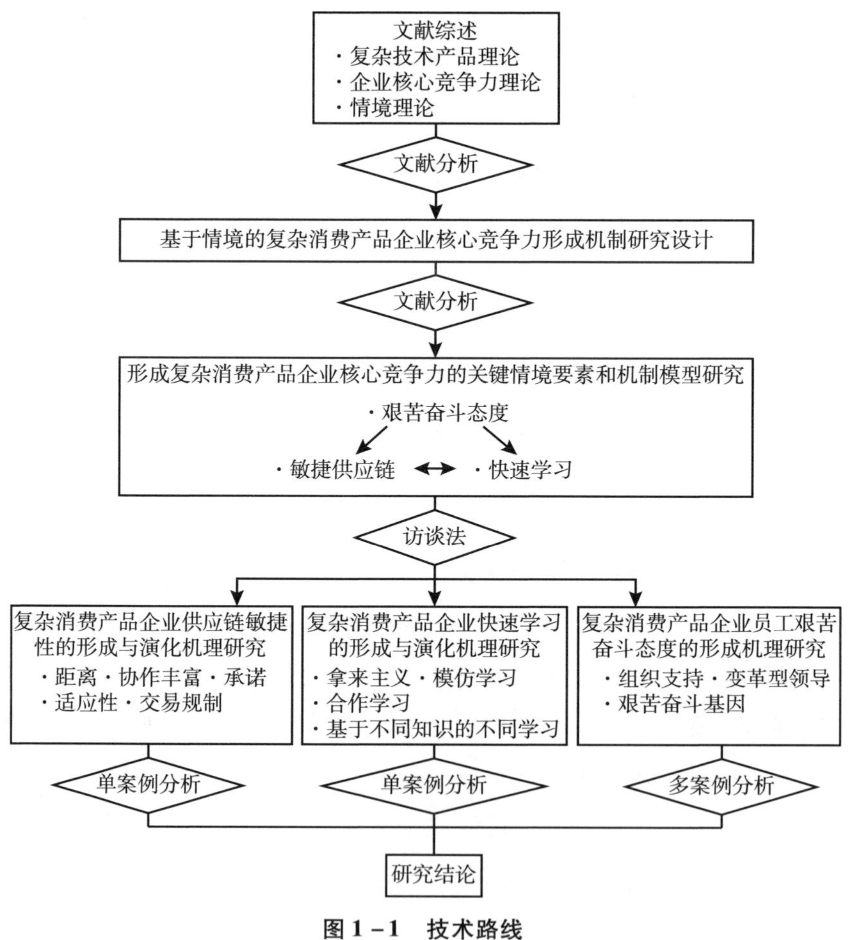

图 1－1　技术路线

1.4 研究内容与结构安排

复杂消费产品作为一种具有较高技术、高附加值和规模化生产的消费产品，在复杂技术产品中占有重要地位。是一国保持创新活力、占有技术领先优势以及市场竞争优势的重要来源。同时也是中国提高制造业水平、实现技术和经济追赶、促进产业结构升级的重要领域。然而，复杂消费产品企业如何能够形成优异的绩效表现，从而在激烈竞争的市场环境中生存并快速发展起来，现有文献仍然缺乏有效的解答。本书基于访谈法和案例研究，试图打开复杂消费产品企业核心竞争力形成机制的黑箱，并探析这些核心竞争力维度的形成与演化机理，具体研究内容安排如下：

第 1 章：绪论。主要论述了研究背景，在分析的基础上提出研究问题。同时对研究问题的理论与实践意义进行阐述。并介绍了本书的研究方法、技术路线、研究内容和结构安排以及主要创新点。

第 2 章：文献综述。本章从复杂技术产品、企业核心竞争力和情境三个角度对相关文献进行综述和分析。从概念、维度、范畴、特性以及研究视角等方面对复杂技术产品和企业核心竞争力进行概述。并从概念、分类和中国情境化研究现状等方面对情境的相关研究进行归纳总结，且对与本研究主题较为密切的形成企业核心竞争力的关键情境因素作了较为详细的归纳。在对已有研究进行总结的基础上，从形成复杂消费产品企业核心竞争力的关键情境要素和机制模型视角，以及不同核心竞争力维度的形成与演化机理视角这两个方面提出了本书的研究方向。

第 3 章：研究设计。提出形成复杂消费产品企业核心竞争力的关键情境要素和机制模型及各核心竞争力维度的形成与演化机理的研究框架和研究方法。在对企业核心竞争力理论、形成复杂消费产品企业核心竞争力、关键情境因素、供应链敏捷性、组织学习和员工工作态度进行分析的基础上，从情境视角、合作关系视角、知识视角和社会交换视角构建形成复杂消费产品企业核心竞争力的关键情境要素和机制模型以及各核心竞争力维度的形成与演化机理的研究框架。在对研究方法进行分析的基础上，提出适用于形成企业核心竞争力的关键情境要素和机制模型及各情境维度形成与演化机理的研究方法与数据来源。

第 4 章：形成复杂消费产品企业核心竞争力的关键情境要素及机制模型研究。运用访谈法，基于情境理论，以涵盖不同产品类型的九家复杂消费产企业为访谈对象，使用扎根理论的开放式编码、主轴编码和选择式编码三个步骤得出形成复杂消费产品企业核心竞争力的关键情境要素和机制模型。研究认为敏捷供应链、快速学习和艰苦奋斗态度是形成复杂消费产品企业核心竞争力的三个关键情境要素。此外，不同情境要素之间相互作用进一步增强了复杂消费产品企业的核心竞争力。其中，艰苦奋斗态度通过提高快速学习的技术吸收速度以及敏捷供应链内各企业的反应速度和技术能力影响复杂消费产品企业的核心竞争力。快速学习与敏捷供应链则相互作用增强对复杂消费产品企业核心竞争力的影响。

第 5 章：复杂消费产品企业供应链敏捷性的形成与演化机理研究。运用探索性单案例研究方法，采用合作关系视角，探讨复杂消费产品企业供应链敏捷性的形成与演化机理。以一家复杂消费产品企业的供应链为样本，使用扎根理论的开放式编码、主轴编码和选择式编码三个步骤并结合运用 Rost. CM 内容分析软件对不同阶段的多个来源数据进行分析得到复杂消费产品企业供应链敏捷性的形成与演化机理。即复杂消费产品企业的供应链之所以表现出敏捷性，是由距离、协作丰富、承诺、适应性以及交易规制决定的；这些要素不具有相同的重要性，而是分为辅助和焦点要素；在不同阶段，形成供应链敏捷性的要素经历了由距离和协作丰富到协作丰富、距离和承诺再到协作丰富、承诺、适应性和交易规制的演化。

第6章：复杂消费产品企业快速学习的形成与演化机理研究。运用探索性单案例研究方法，采用知识视角，探讨复杂消费产品企业快速学习的形成与演化机理，以一家复杂消费产品企业为案例样本，通过扎根理论的开放式编码、主轴编码和选择式编码三个步骤得到复杂消费产品企业快速学习的形成与演化机理。即拿来主义、模仿学习和合作学习是形成复杂消费产品企业快速学习的基础要素；基于不同知识的不同学习进一步提高了复杂消费产品企业学习的速度与有效性：从引进技术阶段、吸收阶段到合作阶段，核心知识依次采用了拿来主义、拿来主义（为主）和模仿学习以及拿来主义和合作学习（为主）的学习形式，通用知识依次采用了拿来主义、拿来主义和模仿学习（为主）以及拿来主义（为主）和合作学习的学习形式。

第7章：复杂消费产品企业员工艰苦奋斗态度的形成机理研究。采用归纳性多案例研究方法，以社会交换理论为基础，以涵盖不同产品类型的三家复杂消费产品企业为案例样本，在初步建构案例的基础上，对每个案例进行扎根数据分析，并通过复制逻辑来精炼构念与关系，得到复杂消费产品企业员工艰苦奋斗态度的形成机理。即组织支持作为保健要素影响员工对组织的认同与忠诚；变革型领导作为激励要素驱动员工采取额外努力；这种努力在艰苦奋斗基因的作用下转变为艰苦奋斗态度。

第8章：结论与展望。本章对研究结论进行总结归纳，并指出本书研究的局限性，最后对今后需要进一步深入研究的问题进行了展望。

本书结构如图1-2所示。

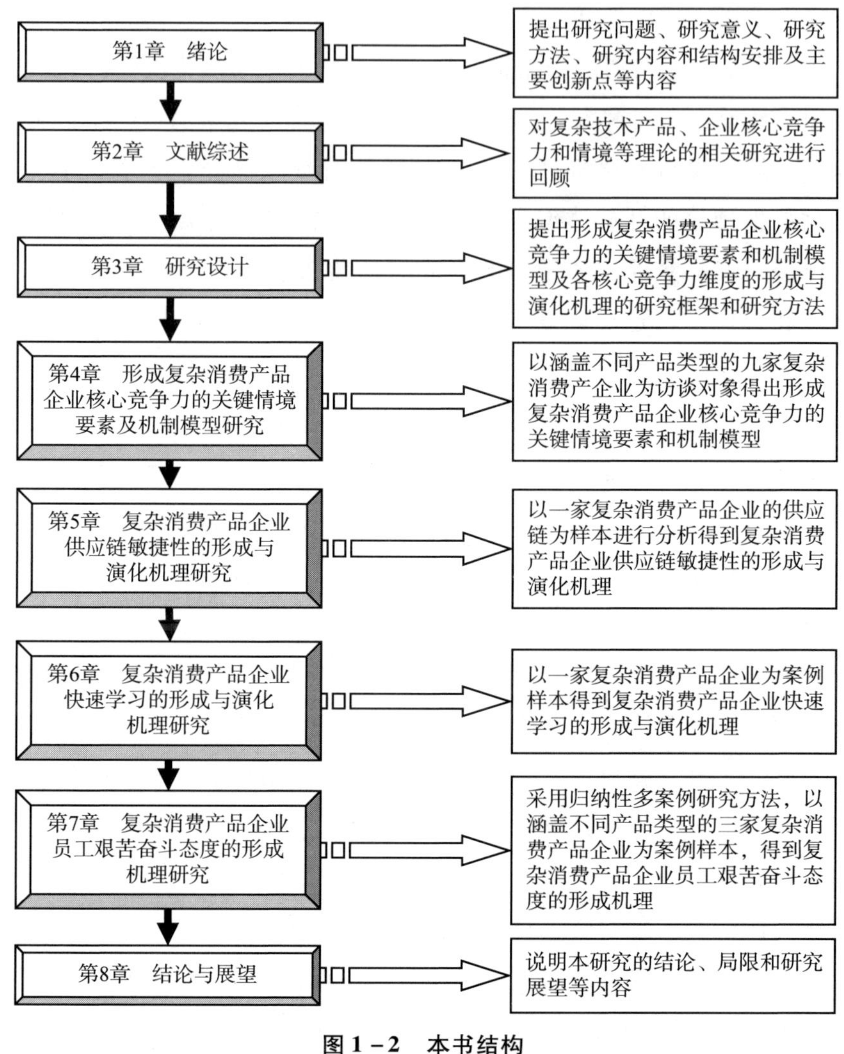

图1－2　本书结构

1.5　主要创新点

本书旨在揭示处于追赶阶段的形成复杂消费产品企业核心竞争力的关键情境要素和机制模型以及各核心竞争力维度的形成与演化机

理，研究在理论上的贡献与创新点主要体现为如下三点：

第一，探索出形成复杂消费产品企业核心竞争力的三个关键情境要素。

情境理论为企业核心竞争力的形成提供了重要的启示，作为存在于组织内外部的现象和刺激因素，各种独特的情境不仅造成企业许多关键战略要素的区别，而且其他诸多的管理实践也不尽相同，现有研究中，虽然许多学者就形成企业核心竞争力的关键情境要素及其对企业绩效和创新等各种竞争表现的影响展开了广泛的研究，然而鲜有研究对特定产品（复杂消费产品）企业核心竞争力形成过程中依靠何种情境要素提供充分的解释，基于此，本书采用访谈法，选取九家涵盖不同产品类型的复杂消费产品企业，通过扎根理论对形成复杂消费产品企业核心竞争力的关键情境要素进行研究。提出敏捷供应链、快速学习和艰苦奋斗态度是形成复杂消费产品企业核心竞争力的三个关键情境要素。其中，快速学习和艰苦奋斗态度是已有研究中尚未提出的两个关键情境要素，进而从新的视角（情境视角）打开了影响复杂消费产品企业核心竞争力的要素“黑箱”，为其获取持续竞争优势提供新的理论解释。

第二，构建了基于情境的复杂消费产品企业核心竞争力形成机制模型。

由于现有研究多集中于对形成企业核心竞争力的某一情境要素的探讨，对多个情境要素及其之间的作用关系尚未得到充分的探讨。因此，本书采用访谈法，针对特定产品（复杂消费产品）企业探讨其核心竞争力的形成机制。在提出三个不同层次情境要素的基础上，分析出敏捷供应链、快速学习和艰苦奋斗态度三个不同层次情境要素之间的互动关系对企业核心竞争力的影响，构建了情境要素对复杂消费产品企业核心竞争力作用的机制模型。本书丰富了已有形成企业核心竞争力的情境要素（敏捷供应链）与新探索出的两个关键情境要素（快速学习和艰苦奋斗态度）之间的影响机理，同时有助于揭示不同情境要素在形成复杂消费产品企业核心竞争力过程中的深层作用机理。

第三，探索出复杂消费产品企业供应链敏捷性、快速学习和员工艰苦奋斗态度的形成与演化机理。

鉴于已有研究鲜有对形成企业核心竞争力的具体情境要素如何形成与演化机理的深入探讨。本书采用案例研究方法，使用扎根理论的开放式编码、主轴编码和选择式编码三个步骤并结合运用 Rost. CM 内容分析软件对多个来源数据进行分析得到复杂消费产品企业供应链敏捷性和快速学习的形成与演化机理，以及艰苦奋斗态度的形成机理。从距离、协作丰富和交易规制三个方面，补充了复杂消费产品企业供应链敏捷性的独特形成机理，探索出形成要素的不同作用，提出协作丰富性和交易规制是实现供应链敏捷性的焦点要素，同时打开复杂消费产品企业供应链形成敏捷性的过程中辅助和焦点要素的动态演化与供应链敏捷表现的“黑箱”；从不同知识的不同学习方面，丰富了快速学习的独特形成机理，识别出复杂消费产品企业形成快速学习的过程中，通用和核心等不同层面的知识与拿来主义、模仿学习和合作学习等三种学习形式的动态配置及演化；从艰苦奋斗基因方面揭示了艰苦奋斗态度的独特转化机理，同时将独立作为企业员工工作态度影响要素的组织支持和变革型领导相结合，进而系统地梳理由单一要素无法解答的复杂消费产品企业员工艰苦奋斗态度的形成机理。

第2章

文 献 综 述

本章从复杂技术产品、企业核心竞争力和情境三个角度对相关文献进行综述和分析，从概念、维度、范畴、特性以及研究视角等方面对复杂技术产品和企业核心竞争力进行概述，并从概念、分类和中国情境化研究现状等方面对情境的相关研究进行归纳总结。且对与本研究主题较为密切的形成企业核心竞争力的关键情境因素作了较为详细的归纳，最后得出形成复杂消费产品企业核心竞争力的关键情境要素和机制模型以及情境结构维度的形成与演化机理两个主要研究问题。

2.1 复杂技术产品概述

早在20世纪90年代前期，美国学者卡什（Kash）已经注意到了复杂技术产品对当代经济和社会发展的重大影响。之后，一些学者专注于对属于复杂技术产品的一个子类别进行深入和详细的研究，并提出了复杂产品系统的概念（Hobday，1998）。同时，随着包括新型工业化国家在内的后发国家在这些领域开始取得进步，相应的理论和实证研究也开始增多。

2.1.1 复杂技术产品相关概念

复杂技术产品是任何个人都无法完全理解并且能跨越时空进行充分沟通的产品。如汽车、航空器、电信设备、计算机、电子设备和新材料等（Kash & Rycroft，1998）。包括复杂装备产品（复杂产品系统）（如发电设备、港口装卸设备和铁路相关设备等）、复杂消费产品（如 PC、汽车和家电等）、复杂制造设备（如机械工具和柔性加工中心等）和复杂 IT 产品（如数据处理系统、软件和中央处理器等）。

在复杂技术产品的研究中，众多学者将视角集中于它的一个子类别——复杂产品系统，20 世纪 90 年代中期，复杂产品系统由霍布德代表的英国苏赛克斯（Sussex）大学科技政策研究所（SPRU）和布莱顿（Brighton）大学创新管理研究中心联合成立的复杂产品系统创新研究中心的学者们提出。这以后很多学者基于其与规模化生产产品的区别对复杂产品系统进行了定义，见表 2－1。

表 2－1　代表性复杂产品系统概念界定

学者	概念界定
汉森和拉什（Hansen & Rush，1998）	研发成本高、规模大、技术含量高、单件或小批量生产的大型产品或系统
霍布德（1998）	是相对于低成本的、基于标准零部件的规模化生产的产品而言的高成本的、技术密集的、工程密集的（engineering intensive）、顾客定制的产品、系统、网络和建筑
江恩和索尔特（Gann & Salter，2000）	一类高风险、高技术、高附加值的大型产品或系统，是以项目管理为主的系统工程与系统集成
普伦奇佩（Prencipe，2000）	一类高成本、高工程含量、高附加值，并具有亚系统或构造的产品系统，在创新过程的动力、竞争策略以及工业化的联合分类等方面都与大批量生产的简单产品有所差别
戴维斯和布雷迪（Davies & Brady，2000）	高技术、高附加值的资本品，采用企业到企业（B2B）形式的单件或小批量生产

续表

学者	概念界定
戴维斯和霍巴特（Davies & Hobday，2005）	不仅是高技术、高附加值的资本品，同时也是高成本、工程和软件密集性的产品、系统、网络、或工程项目
格申森、普拉萨德和张毅（Gershenson，Prasad & Zhang Y，2003）	研发成本高、规模大、技术含量高、单件或小批量生产的大型产品、系统或基础设施
陈劲、桂彬旺、陈钰芬（2006）	大多数属于多学科综合性产品，具有较高的技术含量，如大型电信通信系统、大型计算机、航空航天系统、智能大厦、电力网络控制系统、大型船只、高速列车、半导体生产线、信息系统等；与现代尖端科技休戚相关，关系国计民生的大型产品和产品系统

资料来源：笔者整理。

现有研究对复杂产品系统的概念尚未达成统一的认识，本书采用三角验证的思想对其进行界定。通过对已有复杂产品系统概念的研究，可以发现，高成本、高技术、高附加值、单件或小批量生产、产品或系统等概念在三个以上的定义中出现。因此，根据这些关键要素，可以将复杂产品系统定义为高成本、高技术和高附加值的单件或小批量生产的产品或系统。

对于本书的研究对象，复杂消费产品，虽然已有文献提出了这一概念，却没有进行深入的研究与界定，但复杂产品系统的文献为其提供了洞见，复杂产品系统的概念界定通常与规模化生产产品的对比得到。因此，复杂消费产品也可以通过与同属于复杂技术产品的复杂产品系统的对比分析来进行界定。通过对比可以发现，对于高成本要素，以汽车产品为例，成本从几万元到几百万元不等，包括了所有的层次范围，因此，成本不作为复杂消费产品的概念要素；对于高技术要素，手机和 PC 等表现为中、高技术产品；对于高附加值要素，由于一般高技术含量的“知识技术密集、物质资源消耗少、成长潜力大和综合效益好”的产业生产高附加值产品，虽然某些高技术企业处于价值链低端，被锁定在组装和加工制造等低附加值环节，但是，以产品本身来看，高技术产品具备高附加值特征。因此，复杂消费产品属于高附加值产品；对于单件或小批量生产要素，PC 和汽车等均是大批量生产产品，因此，复杂消费产品具备规模化生产的特性；对于产品和系统要素，从技术的复杂度来看，相对于复杂产品系统的多层次和多系统特性（Hansen & Rush，1998），复杂消费产品仅包含产品含义。此外，复杂消费产品的概念界定还应参考其核心产品内涵，即消费品。因此，本书将复杂消费产品的概念界定为较高技术、高附加值和规模化生产的消费产品。

2.1.2 复杂技术产品范畴

复杂技术产品的范畴研究一般以特征因素作为区分依据，并采用复杂性角度进行测量。概括起来，主要有三种观点：

第一种观点关注产品的一个主要特征，例如，伍德沃德（Woodward，1958）根据生产类别对产品进行界定。生产类别包括项目/单件生产、小批量、大批量、大规模生产、连续过程。如复杂技术产品中的复杂产品系统属于项目/单件生产或小批量生产的产品范畴。卡什和里克罗夫特（2000）根据产品及工艺的复杂程度，将复杂技术产品区分为：复杂装备产品（复杂产品系统）、复杂消费产品、复杂制造设备、复杂 IT 产品、复杂工艺生产的产品。这种范畴界定方式具有一定的局限性，例如，所有符合项目/单件生产或小批量生产特征的产品并不都属于复杂产品系统，如以小作坊形式生产的小批量简单产品。

第二种观点以两个产品特征为基础进行范畴划分，例如，申哈（Shenhar，1993）、休斯（Hughes，1993）和沃克等（Walker et al.，1988）在产品界定中采用产品/系统范围和技术不确定性两个特征，其中系统范围分为四个层面：阵列层面、系统层面、元件层面和装配层面技术不确定性分为四个类别：低技术类型、中等技术类型、高技术类型和超高技术类型。通过产品/系统范围和技术不确定性的划分将复杂产品系统的范围定义为由系统层面、元件层面、高技术和超高技术所围成的产品区域。王和冯通泽尔曼（Wang & Von Tunzelmann, 2000）专门对复杂性的测度进行了研究，并且提出（产品、技术、工艺和组织的）复杂性可以从深度和宽度两个维度来描述，深度是指寻求某个对象的逻辑极限时的认知难度，宽度是指开发某个对象时所涉及知识的范围，这两个维度可以与复杂科学研究中所说的“认知复杂性”和“相关复杂性”对应起来。与之类似，陈劲等（2006）采用技术宽度和技术深度两个维度将所有产品系统划分为四个产品类型：复杂产品系统、高新技术产品、组合产品和简单产品。二维观点同样存在产品划分的交叉性，如通过产品/系统范围和技术不确定性维度将复杂产品系统的范围定义为由系统层面、元件层面、高技术和超高技术所围成的产品区域，汽车等产品不属于复杂产品系统范畴，但同样具有元件层面和高技术等产品特征。

第三种观点在产品界定中采用三个或三个以上的产品特征维度，这种三角验证的思想排除了第一种和第二种观点中产品范围交叉的现象。例如，为了更准确地说明复杂产品系统的范围，霍布德（1998）和普伦奇佩（2000）从生产过程、产量和技术等三个维度理解复杂产品系统。汉森和拉什（1998）通过研发成本、规模、技术含量和生产数量等维度对复杂产品系统进行界定。霍布德（Hobday，2000）根据产品涉及的子系统和定制零部件的数量、设计方案的数量和新知识领域的跨度等维度，将复杂产品进一步区分为极端复杂（如新式军用飞机）、高度复杂、中等复杂和不太复杂（如飞行模拟器）的产品。

基于上述分析可以发现，复杂技术产品主要通过生产类别、生产数量、产品/系统范围、技术不确定性、技术宽度和技术深度等生产、产品和技术特征进行范围界定。其中多维界定是有效的方法。根据已有复杂技术产品的范围界定理论，可以采用产品类别、技术复杂性和生产类型维度来考察复杂消费产品的范畴（见表 2 - 2）。根据维度表现将复杂技术产品填充入区分图中，可以发现，汽车、手机和 PC 等复杂消费产品属于由生产类别维度中的大批量和规模化、技术复杂性维度中的高和中等技术产品、产品类型中的消费品所构成的长方形区域（见图 2－1）。

表 2－2　　复杂消费产品测量维度

测量维度	表现
产品类别	生产资料；资本品；消费品★
技术复杂性	低技术产品（$0\sim10^2$）；中等技术产品（$10^2\sim10^3$）★；高技术产品（$10^3\sim10^4$）★；超高技术产品（10^4 以上）
生产类型	项目/单件生产；小批量；大批量★；大规模★；连续过程

注：★代表此项为复杂消费产品在某一测量维度的维度表现。
资料来源：笔者整理。

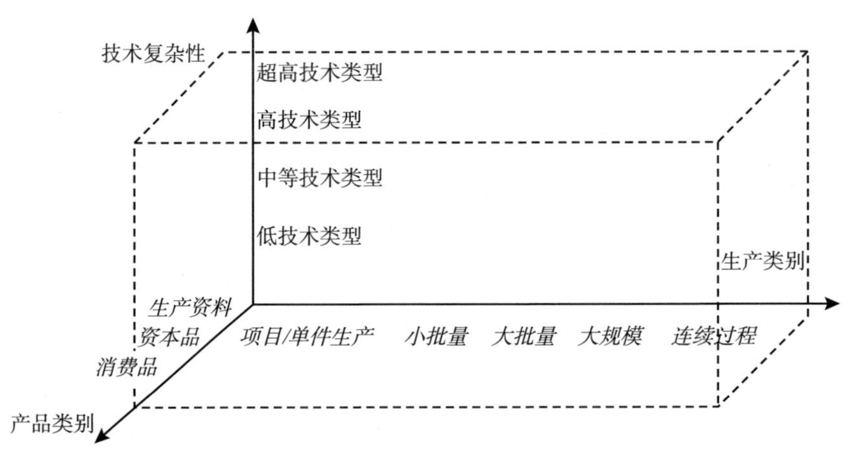

图 2－1　产品区分三维度

资料来源：笔者整理。

2.1.3　复杂技术产品特性

从复杂技术产品的定义可以发现，与简单技术产品相比，复杂技术产品在产品和技术等方面都表现出与众不同的特征。

(1) 产品特征。复杂技术产品零部件界面复杂、且多,涉及多种知识和技能,产品架构具有层级性(等级层次),即通过“子系统—系统—超系统”的方式形成的事物间的包容序列关系的一种特性,它是“系统所特有的联系方式”(李建华,1996)。

(2) 技术特征。复杂技术产品表现出技术含量高、密集、不确定、非线性和网络性等技术特征。复杂技术产品作为一个包含众多数字系统的复杂体系,在其成长过程中,各子系统发生着相互关系,不同子系统的相互作用存在着更多的随机性,某一个子系统的变化可能会使整个复杂技术产品改变原有路径,朝着不确定的方面发展(戴维斯,1998)。同时,系统与组成要素之间的变动关系或变量关系是一种不规则和不成比例的关系,充满着偶然性、随机性和不确定性。对于复杂技术产品来说,它所包含的诸多不同结点的技术子系统构成网络,这些子系统不仅与其邻近的子系统相链接,还会向远距离的子系统辐射,这种链接和辐射并不是结结相连和环环相扣有序的分布,而是不规则的相互作用和交叉。

在复杂技术产品的研究过程中,复杂产品系统的概念逐渐被置于文献的中心位置,在复杂产品系统的概念框架中,对于复杂性的理解更为物质化。复杂产品系统的研究范围主要包括高价值产品、资本品和具有网络性质的产品等。为了进行区分,很多研究复杂产品系统的学者通过与规模化生产产品的对比论述复杂产品系统的特征。例如,霍布德(1998)的研究发现,与规模化生产的简单产品相比,复杂产品系统的架构层级更加复杂,具有层级性和系统性的特征。申哈(Shenhar,1994)认为由于复杂产品系统创新过程中存在较大的不确定性,因此客户的参与程度非常高,并且发挥着非常关键的作用,而大规模制造产品采用的是客户需求引导创新的方式。汉森和拉什(1998)的研究表明,复杂产品系统的生产一般为一次性(或小批量)的项目。这是因为复杂产品系统的研发和生产高度融合,系统研发出来之后直接交付用户,并不存在大规模生产产品那样扩大生产的过程。复杂产品系统与规模化生产产品的特征对比见表2-3。

表2-3　复杂产品系统与规模化生产产品特征对比

类别	复杂产品系统	规模化生产产品
产品特征	零部件界面复杂、且多；产品生命周期长（可长达数十年）；涉及多种知识和技能；涉及（多种）客户定制零部件；多为上游资本品；产品架构具有层级性/系统性特征；成本高	零部件界面简单、且少；产品生命周期短；所需知识和技能较少；标准零部件；多为下游消费品；产品架构简单；成本中、低
生产特征	一次性（或小批量）项目；系统集成	大批量生产；面向制造的设计、关注产品和工艺界面
技术特征	技术含量高、密集；战略能力、职能能力、技术能力（元件能力、系统能力、构建能力）、项目能力和创新网络	技术含量低；整机组装技术、零部件生产技术、零部件研发技术
创新特征	用户—生产商驱动；高度柔性；研发生产融为一体；客户高度参与研制过程始终；投入多；研发时间长	供应商驱动；格式化、程序化；研发生产不同步；客户低度参与研制过程；投入少；研发时间短
竞争与合作特征	国际化水平高	国际化水平低
市场特征	双头垄断结构，部分竞争；交易数量少；B2B的交易方式；受到高度规制的市场；政府高度调控；谈判价格；政府高度关注	市场中有许多买者和卖者，高度竞争；交易数量大；B2C的交易方式；一般市场机制；政府很少调控；市场价格；政府中度关注

资料来源：Hobday（1998），Gann & Salter（2000）。

根据已有复杂产品系统的特征研究，查找产业数据与复杂产品系统和规模化生产的简单产品进行对比可以得出复杂消费产品的特征（见表2-4）。

表 2-4　复杂消费产品与复杂产品系统和规模化生产的简单产品特征对比

类别	复杂产品系统	规模化生产简单产品	复杂消费产品
产品特征	零部件界面复杂、且多（4.5）；产品生命周期长（可长达数十年）（4.3）；涉及多种知识和技能（4.7）；涉及（多种）客户定制零部件；多为上游资本品；产品架构具有层级性/系统性特征（4.7）；成本高（4.3）	零部件界面简单、且少（1.3）；产品生命周期短（1.3）；所需知识和技能较少（1.5）；标准零部件；多为下游消费品；产品架构简单（1.3）；成本低（1.5）	零部件界面复杂且多（3.5）；产品生命周期短（2.1）；涉及多种知识和技能（3.6）；标准零部件；多为下游消费品；产品架构具有层级性/系统性特征（3.7），成本中（2.5）
生产特征	一次性（或小批量）项目（1.1）；系统集成	大批量生产（4.9）；面向制造的设计、关注产品和工艺界面	大批量生产（4.9）；面向制造的设计、关注产品和工艺界面
技术特征	技术含量高、密集（4.7）；战略能力、职能能力、技术能力（元件能力、系统能力、构建能力）、项目能力、创新网络	技术含量低（1.4）；整机组装技术、零部件生产技术、零部件研发技术	技术含量高、密集（3.6）；整机组装技术、零部件生产技术、零部件研发技术、核心关键件技术、产业链协同能力
创新特征	用户—生产商驱动；高度柔性（4.2）；研发生产融为一体；客户高度参与研制过程始终（4.7）；投入多（4.8）；研发时间长（4.7）	供应商驱动；格式化、程序化（1.2）；研发生产不同步；客户低度参与研制过程（1.1）；投入少（1.9）；研发时间短（1.3）	市场驱动、政府驱动、科技进步驱动；格式化、程序化（1.9）向柔性化方向发展（3.7），柔性化（3.8）；研发生产不同步向融为一体方向演化；消费者低度参与研制过程始终（1.5）；投入多（3.7）；研发时间由长（3.4）变短（2.2）
竞争与合作特征	国际化水平高（4.4）	国际化水平低（1.6）	国际化水平高（4.0）
市场特征	双头垄断结构，部分竞争（1.3）；交易数量少（1.4）；B2B 的交易方式；受到高度规制的市场；政府高度调控（4.5）；谈判价格；政府高度关注（4.5）	市场中有许多买者和卖者，高度竞争（4.7）；交易数量大（4.9）；B2C 的交易方式；一般市场机制；政府很少调控（1.2）；市场价格；政府中度关注（2.6）	许多买者和卖者，高度竞争（4.5）；交易数量多（3.8）；B2C 的交易方式；一般市场机制受到中度规制的市场向一般市场机制演化；政府低度调控（1.5），政府从中度（2.5）调控向低度（1.6）调控演化；市场价格；政府高度关注（4.5）

注：组织相关研究人员（共 15 人）根据标准对产品特征进行评分，并取平均值作为特征概念得分，( )中的数字代表评分。

资料来源：笔者整理。

（1）产品特征。复杂消费产品的零部件界面复杂程度、数量以及成本低于复杂产品系统，但明显高于规模化生产的简单产品，表现为复杂、数量多和中等成本。例如，一架干线飞机的零部件数量级为百万，汽车的零部件数量级为万。此外，汽车的核心部件底盘由众多系统和部件组成，包括悬架系统、转向系统、制动系统、传动系统和行走系统，其中每个系统又包括若干子系统，表现为零部件复杂的特征。复杂消费产品涉及的知识和技能低于复杂产品系统，明显高于规模化生产的简单产品，表现为涉及多种知识和技能。例如，飞机引擎这一复杂产品系统涉及 24 个技术领域的相关知识，作为复杂消费产品的汽车也涉及冶金、石油、机械和金属加工等各个领域。复杂消费产品的架构复杂性低于复杂产品系统，明显高于规模化生产的简单产品，表现为产品架构的层级性或系统性。例如，军事系统作为复杂产品系统，可以通过层级性进行解析，架构由几美分的材料和元件到上亿美元的系统组成，作为复杂消费产品的汽车由发动机、电器、底盘和车身构成，其中每个部分又由若干部分组成，同样表现出架构复杂的特征。复杂消费产品的生命周期明显低于复杂产品系统，高于规模化生产的简单产品，表现为产品生命周期短。例如，复杂产品系统的生命周期非常长，甚至达到数十年，随着对子系统等的不断创新，复杂产品系统也会持续创新很多年。而作为复杂消费产品的智能终端（手机）3 个月就是一个技术周期，产品更新很快。与大规模生产的简单产品类似，复杂消费产品采用标准零部件，而不是客户定制部件（复杂产品系统）。例如，复杂产品系统的竞争优势来源于创新，并且不采用大批量生产，它涉及众多客户定制零部件。而为了进行大规模生产，手机、家电和汽车等复杂消费产品使用的是标准零部件，并且一段时间都有相应的产品标准发布。与大规模生产的简单产品类似，复杂消费产品多为下游消费品，而不是上游资本品（复杂产品系统）。例如，机床作为复杂产品系统属于上游资本品，而冰箱作为复杂消费产品属于下游消费品。

（2）生产特征。复杂消费产品的生产规模明显高于复杂产品系统，略低于规模化生产的简单产品。与大规模生产的简单产品类似，复杂消费产品采用面向制造的设计、关注产品和工艺界面，复杂产品系统采用的是系统集成的生产方式。例如，汽车企业为了节省开发时间，采用并行工程（面向制造的一体化设计）设计产品及其相关过程，开发人员一开始就考虑产品的整个生命周期中从概念形成到产品报废的所有因素，这样使得设计的汽车具有可制造性。而一个大型的综合计算机网络系统则需要进行系统集成，系统集成包括计算机软件、硬件和操作系统技术等的集成，以及不同厂家产品选型和搭配的集成。

（3）技术特征。与复杂产品系统类似，复杂消费产品也表现出相同的技术特征：技术含量高且密集。例如，宝马公司的汽车技术含量很高，使得它很难被仿制。与复杂产品系统及大规模生产的简单产品的创新能力不同，复杂消费产品的技术能力表现为，整机组装技术、零部件生产技术、零部件研发技术、核心关键件技术和产业链协同能力。之所以与复杂产品系统的创新能力表现出较大的差异，是因为，复杂消费产品的创新过程是“研发—生产—营销”，而复杂产品系统的研发与生产融为一体，是网络环境下的战略集成、智能集成、技术集成和项目集成过程，不仅跨越部门，而且需要跨越企业边界。此外，与复杂消费产品主要由单一企业完成不同，复杂产品系统的项目基层需要多个组织共同协作完成，管理协调和控制上遇到的困难程度比复杂消费产品高，这使得复杂产品系统的创新能力不仅需要企业自身的能力，而且还需要超越企业自身边界、隐藏于企业外部的网络能力，即整个创新网络的整合能力。另一方面，与简单产品相比，复杂消费产品的零部件数量多，涉及供应链中的众多企业，技术复杂程度高于简单产品。同时，与简单产品相比，复杂消费产品涉及产业链协同能力和核心关键件技术，不同的国家对其的掌握并不相同。例如，美国和日本等国家的企业不仅掌握了一般零部件的开发与生产，同时也拥有核心关键件技术。虽然部分中国企业致力于核心关键件的研发，但大部分企业的核心关键件仍主要采用外部的技术。

（4）创新过程。与复杂产品系统和大规模生产的简单产品不同，复杂消费产品的创新主要由市场、政府和科技进步驱动。复杂消费产品采用大批量生产，竞争激烈，由市场机制决定企业的生存与发展，再者，大多数复杂消费产品是国家支柱产业或主导产业，政府会积极推动复杂消费产品创新，此外，由于一些科技进步的经济价值最终体现在产品的创新及价值的实现，因此，科技进步会推动产品的创新。在中国，市场需求与政策驱动是企业技术创新的主要动力。2005 年，中国政府做出了“建设创新型国家”的重大战略决策，2006 年和 2007 年各种支持创新的政策密集出台。此外，中国市场存在许多与发达国家不同的需求，中国企业受文化因素影响，能够更好地理解这些需求，进而通过创新进行满足。复杂消费产品的创新过程表现为由格式化和程式化向柔性化方向发展或柔性化（中国）的特征，复杂产品系统表现出高度柔性化的特征，规模化生产的简单产品表现出格式化和程式化的特征。例如，复杂产品系统通过将层级式的项目解构为柔性的有机管理，能够更好地应对不确定性，促进与顾客及政府部门之间的反馈，同时也能够更好地应对新兴技术的发展趋势。而为了快速适应环境的变化，复杂消费产品也开始采用柔性化的开发方式。例如，为了加速产品开发，出现了大量采用虚拟化、平台化和并行开发的设计模式，此外，中国文化存在着高度的灵活性思想，因此，中国复杂消费产品的创新也具有柔性化特征，例如中国复杂消费产品企业在进行某些产品开发的过程中，为了节省开发时间，对于核心关键件技术采用了适应性匹配的设计思路，同时对于某些无法解决的难题采用“迂回反补”的策略，大大缩短了开发时间。复杂消费产品的生产与研发与复杂产品系统和大规模生产的简单产品不同，表现为研发生产不同步向融为一体方向发展。例如，汽车产品中采用的并行开发模式是在虚拟化设计以及平台化设计的基础上，同时展开各个环节的研发活动，能够缩短开发周期，加强各个开发环节之间的互动。复杂消费产品的顾客参与度低于复杂产品系统但明显高于规模化生产的简单产品。表现为消费者低度参与研制过程始终，这是因为，复杂产品系统的核心点在于项目的设计与开发，而非规模效益，创新路径由客户决定，需要用户的高度介入，这样，用户需求能够直接反馈到创新概念中，但复杂消费产品不仅需要产品开发，还涉及大规模生产，大量顾客参与会降低产品出产时间和效率。复杂消费产品的研发投入低于复杂产品系统，但明显高于规模化生产的简单产品，表现为投入较多。复杂消费产品的研发时间明显低于复杂产品系统，高于规模化生产的简单产品，表现为研发时间由长变短。例如，汽车作为一个直接进入千家万户同时又集成了大量高新技术的产品，需要进行大量周期漫长、代价昂贵的实验（如零部件的测试和车型的改进），花费大量时间来使汽车中的不同部件达到良好的匹配。在以往传统的实物试验时期，实物的制造、改动和动态匹配需要长时间和高成本。为了缩短开发周期同时降低成本，从 20 世纪中后期开始，国际大型汽车企业纷纷开始建立自身的计算机虚拟试验系统，同时利用平台模式和联合开发等方式提高研发效率。如从 2002 年开始，奇瑞（中国）与奥地利的发动机设计公司 AVL 进行联合开发，在 3～5 年时间内，开发了 0. 8 升至 0. 4 升 18 款发动机。

（5）竞争战略与创新合作。复杂消费产品的国际化水平低于复杂产品系统，明显高于规模化生产的简单产品，表现为国际化水平高。复杂消费产品往往具有国际化的市场需求，通过研发和生产国际化能够获取、利用和吸收国外先进的开发资源和能力，及时了解市场信息，利用当地成本低廉的劳动力和便利的政府政策。例如，中国汽车企业一开始就引进国外技术，并通过吸收建立最初的技术能力。

（6）市场特征。复杂消费产品的竞争激烈程度和消费者数量显著高于复杂产品系统，低于规模化生产的简单产品，表现为许多买者和卖者，高度竞争。例如，美国的手机普及率为91.4%，日本为90%，中国为62%。手机行业市场集中度低、厂商众多，2011年中国国产手机市场前十品牌的积累关注比例仅为83.9%，竞争激烈。复杂消费产品的交易数量明显高于复杂产品系统，但低于规模化生产的简单产品。与大规模生产的简单产品类似，复杂消费产品采用企业对消费者（B2C）的交易方式，例如，家电和手机等消费产品的消费者是个人而不是公司。与复杂消费产品（受到高度规制的市场）和大规模生产的简单产品（一般市场机制）的政府规制不同，复杂消费产品表现出一般市场机制或从受到中度规制的市场向一般市场机制（中国）演化的特征。此外，复杂消费产品的政府调控程度明显低于复杂产品系统，但略高于规模化生产的简单产品，表现为政府低度调控或政府从中度调控向低度调控演化（中国）。这是因为，复杂消费产品和大规模生产的简单产品主要由市场决定其技术发展路径和竞争结果，而复杂产品系统一般涉及国家安全领域（飞机、核电站和国家安全信息系统等）、在国内市场具有垄断地位的（电力系统）、争取成为国际技术标准的（电信系统）、对国际经济具有重要性、战略和军事需要的（航空航天产品和大型军事产品等）产品，因此，复杂消费产品和大规模生产的简单产品的政府规制程度和调控程度都低于复杂产品系统。政府高度介入复杂产品系统的交易，并且鼓励使用本国企业的产品。此外，中国复杂消费产品如汽车由于受到计划经济体制的影响，以及其在国家产业中的重要作用，政府在早期采取了中度的管制。复杂消费产品的政府关注程度等同于复杂产品系统，高于规模化生产的简单产品，表现为政府高度关注。例如，汽车产业受到政府高度关注：德国在汽车产业发展初期，政府对大众注入了40%的资本，日本则在第二次世界大战后，通过开发银行对丰田、日产、五十铃和日野等汽车提供政策性融资，在1952～1955年共提供了设备投资额10%的融资，使日本汽车产业取得惊人的进步。

2.1.4　复杂技术产品研究视角

由于复杂技术产品对一国经济发展具有重要作用，复杂技术产品的创新和管理等研究就成为各国尤其是后发国家实践工作和理论研究关注的焦点。现有研究主要聚焦于复杂技术产品中的复杂产品系统子类别和具体产品两个视角。

（1）复杂产品系统视角的研究。从复杂技术产品相关概念演化的分析可知，复杂产品系统是复杂技术产品中较多被研究的一个子类别，复杂产品系统的研究比较关注概念、分类标准、创新特征与管理实践等。例如，戴维斯和布雷迪（2000）在复杂产品系统的框架下，提出了项目能力的概念，建立了组织学习的四阶段模型，并认为复杂产品系统领域的竞争逻辑是，通过组织学习实现项目能力的提高，从而实现重复经济，将一个项目的优势扩展到其他项目上。此外，由于复杂产品系统的生命周期可能延续长达数十年，产品投入使用或运营后，供应商还需根据客户需求和技术的变化不断地进行改进和创新，而用来说明技术生命周期的A-U模型描述的技术是从大量的产品创新开始，在主导设计出现后产品创新逐渐减少、工艺创新增多，直至最后技术逐渐成熟，两类创新及从事创新的企业都大大减少的动态变化过程，不适用于复杂产品系统。因此，众多学者力图通过大量的实证研究建立起复杂产品系统创新动力学的理论框架，以此弥补A-U模型的不足（杨志刚，2008）。此外，由于复杂产品系统对经济发展的重要影响，发展中国家正努力逐步缩小与发达国家在此领域的差距，相关的理论与实证研究也得到重视。

（2）独立产品视角的研究。即针对具体复杂技术产品或项目，着眼于微观层面，以企业或产品（项目）的案例研究为主。目的是为某一产业的创新管理提出建议，例如，巴斯卡兰（Baskaran，2001）用历史研究方法描绘了印度卫星技术能力的提高过程。索萨等（Sosa et al.，2002）研究了电信设备开发过程中影响技术知识沟通的因素，这种研究的好处是能够得出具有针对性的结论。

2.2 企业核心竞争力概述

核心竞争力是组织中的积累性学识/学说，特别是如何协调不同的生产技能和有机结合多种技术流派的学识/知识。它最早由普拉哈拉德和加里·哈默尔两位教授提出，在这一描述性概念被提出之后，众多学者都试图对其进行界定（见表2-5），从这些研究中我们可以发现，企业的核心竞争力由企业内部资源、外部资源、技术能力或支撑能力等构成，它们是企业关键资源和核心能力中那些最为关键的、最能使企业获取和保持竞争优势的因素（组合）。

表2-5　企业核心竞争力的主要观点

代表人物	主要观点	主要结构维度	核心竞争力因素
普拉哈拉德和哈默尔（Prahalad & Hamel，1990）	组织中的积累性学识/学说，特别是如何协调不同的生产技能和有机结合多种技术流派的学识/知识	技能，技术，学习	技术能力，支撑能力
迈耶和厄特贝克（Mayer & Utterback，2009）	职能的集合体、产品的基础，通过产品平台与产品族，与企业绩效正相关	产品技术能力，对用户需求的理解能力，分销渠道能力，制造能力	技术能力，支撑能力
伦纳德和巴顿（Leonard & Barton，1992）	让公司区别于其他公司，对公司提供竞争优势的一种知识群，是一个组织能力长期形成专有能力，从而为顾客提供价值的关键所在	知识与技能，管理体系，实物系统（技术系统），价值观	技术能力，内部资源
福斯（Foss，1996）	核心能力既是组织资本又是社会资本，它们使企业组织的协调和有机结合成为可能	组织资本，社会资本	内部资源，外部资源

续表

代表人物	主要观点	主要结构维度	核心竞争力因素
普拉哈拉德和哈默尔（Prahalad & Hamel，1990）	企业由于以往的投资和学习行为所积累的技能和知识的结合，它是具有企业特长性的专长，是使一项或者多项关键达到世界一流水平的能力	洞察力/预见力，前线执行能力	支撑能力
加仑和斯蒂尔曼（Gallon & Stillman，1995）	一个组织竞争能力因素的协同体，反映在职能部门的基础能力和公司层次的和谐能力	“市场—界面”能力，基础结构能力，技术能力	技术能力，支撑能力
普拉哈拉德（Prahalad，1993）	多种知识，顾客的知识和直觉创造性的和谐整体	技术，管理过程，群体学习	技术能力，支撑能力

资料来源：笔者整理。

其中，企业的内部资源主要包括企业组织内部所拥有的资源，这是企业经营管理的基础和建立竞争力的前提，如人力资源、生产和研发活动的设施和资金等；企业的外部资源对于企业的竞争力具有同样重要的作用，企业能够通过各种形式的战略联盟来利用外部资源完成创新过程，通过企业间的创新网络来提高竞争力，如企业的用户、研发机构以及与他们形成的虚拟组织等；技术能力是指具有技术特性或依附于专业技术人员的技能和知识的集合，可以通过企业各种创新活动的表现来反映；支撑能力是企业管理技巧和能力的集合，使企业有效的开发和整合企业的内部资源、外部资源和技术能力以提升竞争力，如采购能力、学习能力、市场和服务能力，人力资源开发能力和整合能力等。

2.3　情境相关研究

情境（context）是存在于组织内外部的各种现象或刺激因素，它与现象有关并有助于解释现象的周边环境（Mowday & Sutton，1993）。全球化商业活动的蓬勃发展使得越来越多的国际化企业渴望得到指导管理实践所需的知识。在经济形态不同的国家或是在不同的组织情境下，人们的行为反应、企业能力和组织结构等存在着显著差异（Chen，1995）。各种独特的情境不仅造成企业许多关键战略要素的区别，而且其他诸多的管理实践也不尽相同（蓝海林等，2012）。情境化视角的研究有利于从更加宏观的、全面的角度看待问题，解决某些用现有理论无法解释的具体问题。因此，寻找对某些重要现象的恰当理解和解释，必须考虑情境因素，设计并实施情境嵌入式的管理研究（Tsui，2004）。

2.3.1　情境概念的提出与发展

情境一词最早出现在实验心理学领域，这一领域的鼻祖冯特于1911年提出了“情境气质”（situational temperament）这一概念，大批学者在此基础上对情境进行了研究，我们发现，情境概念与内涵的研究经历了一个不断发展与完善的过程，见表2－6。

表2－6　　情境内涵的演进过程

研究学派	主要观点	代表人物	概念界定
行为主义学派	环境	华生（1933）	1913年创立行为主义，认为情境是客观的具体环境，而不是主观的精神境界，将意识、动机等心理运动因素完全排斥于情境内涵之外
		卡佩利和谢勒（Cappelli & Sherer，1991）	情境是围绕特定现象、发挥着直接或间接影响作用的因素，也特指高于现有研究中分析层次的解释因素
		莫迪和萨顿（1993）	情境是和被研究对象处于不同分析层次的外部环境因素

续表

研究学派	主要观点	代表人物	概念界定
认知—行为主义学派社会学习理论	环境和内部生理环境	托尔曼（1932）	完整的行动包括外部环境、内部生理状态或中介过程
		班杜拉（1986）	情境不单单是指客观的或自然的刺激环境，而是个体对客观情境的认知，即人的行为是主体、行为和环境三种因素交叉互动的结果
		派佩（Pepper，1942）	个体与环境相互作用，共同构成动态的整体或系统。而个体、个体的心理活动以及环境等都是该系统的构成成分
		勒纳（Lerner，2002），穆斯（Muuss，1996）	情境强调的是个体与特定的社会团体之间的相互作用，这个团体不是因为要完成某一项具体的活动而将大家临时聚在一起的松散结构，而是具有共同的文化与历史继承、共同的目标、信念系统和实践活动的团体，他们认为情境不再局限于不同影响因素与人的发展之间的单向作用模式或双向作用模式，而是系统性因素与人的发展随时间形成的或然性循环作用模式
格式塔学派	知觉的环境	科夫卡（2005）	情境是个体对客观环境的认知和倾向，个体的行为取决于个体对特定环境的认知建构，个体心理活动与物理社会环境的互动是不可分割的

资料来源：笔者整理。

总体来看，情境日益受到学术界和企业家的重视。目前关于情境的概念界定主要有环境、环境与心理和知觉的环境三种观点。

行为主义学派较早开展关于情境的相关研究，并将情境与环境相联系，偏重情境的客观性，这种研究将心理因素完全排除在外，认为行为的发生完全是客观环境刺激的结果。但实际的情况是，相同环境下企业或团体具有不同的行为表现，也就是说在其中存在某些“隐性”情境因素的刺激，为了对社会现象进行进一步的解释，以托尔曼（Tolman，1932）为代表的认知—行为主义学派把主观过程纳入了情境的概念之中。这一学派与行为主义学派的观点不同，他们认为完整的行动包括外部环境、内部生理状态或中介过程。此后，以班杜拉（Bandura，1986）为代表人物的社会学习理论也开始强调情境的社会意义，认为不同个体有不同的认知原型，情境原型即是认知原型的一种，情境不单单是指客观的或自然的刺激环境，也包括个体对客观情境的认知。进一步地，学者们发现知觉往往决定了人们的行为并对其进行有效的解释，因此，以科夫卡（Koffka，2005）为代表人物的格式塔学派进一步将情境的内涵理解为“主观化”，认为行为的主要决定因素是个体的行为环境，即个体心理上意识到或知觉的环境，而非现实的、客观的地理环境。

情境概念从客观环境到“意识的主客观条件”，逐渐由原来的单纯强调客观环境而向认知、意识和动机等主观因素转变。这一转变过程也使得对行为的解释越来越清晰。例如，环境因素中的竞争对手情况虽然会对企业的行为产生影响，但不会直接导致企业采取行动，而需要企业通过对竞争对手及内外部环境的认知（情境）来激发。也就是说“主观的”情境与行为活动相对存在，可激发或制约个体具体的行为活动。但是，一方面，主观的介入使得情境概念的研究更加复杂，不同学者对情境的认识并不一致，研究缺乏普适性，无法进行聚焦，这种情况下，使得基于情境的研究相对困难。另一方面，在现实生活中，情境非常复杂，包括众多外部和内部要素，各个情境之间还具有复杂的关系，企业则受各种情境交叉作用的影响。也就是说相比于已有文献的研究，现实中的情境更加丰富和复杂。但是一个公认的现象是在不同对象“主观”情境的基础上往往拥有共同的“客观”情境与关系，这可以成为解决情境概念复杂性的一种思路，在这种思路的指导下，如何通过探索性研究识别出这些共同的要素是解决问题的关键。

2.3.2　情境分类

对情境的分类问题进行的研究主要从物质和理念角度进行分析。

（1）基于物质角度的情境分类。物质情境的“权变项”可能对组织结构的构建和他们运行的方式有明显的影响，因此，在把一个研究对象与其他体系进行比较研究时，必须要将情境的各种物质因素考虑进来。

陈晓萍等（2010）提出情境包括特定研究所处的物理的、政治和法律的、社会的、历史的、经济的环境以及组织环境。哈克特和拜乔（Hackett & Bycio，1996）认为情境有多种分类，包括信息情境、任务情境、物理情境和社会情境等。约翰（Johns，2006）将情境分为普遍性情境（如职业、地理位置、研究实施的时间、研究的原理等）和独立性情境（如组织任务的特性、社会因素以及物理因素等）两个类别。蔡尔德（Child，2009）从管理运作的角度提出了一个全面的国家情境的构成体系，包括物质体系、理念体系和制度体系。其中，物质体系包括两个方面：一是经济方面的物质体系，包括商业资产所有权、市场（效率和开放性）、关系（目的和范围）和资本（财务的、人力的、管理的和社会的人力资源）；二是技术方面的物质体系，包括信息和沟通技术运用程度以及运输设施的发展。制度体系包括三个方面：一是政府，包括各种规章制度对商业活动的干涉程度、国家机构的集权/分权以及法律和规章的透明度；二是中介机构，包括法律的、财务的和媒介以及咨询；三是国际规章制度及标准，包括国际标准化组织（ISO）、世界贸易组织（WTO）、国际会计准则理事会（IASB）和公司治理的信条。

（2）基于理念角度的情境分类。理念体系的分类研究主要关注研究对象所依附的组织的价值观念和其中发生的过程，它能够影响组织的结构性原则和人们在其中的行为和关系。例如，蔡尔德（2009）提出国家情境构成中的理念体系包括三个方面：一是文化价值方面的理念体系，包括权威、身份、性别、关系和冒险；二是宗教价值方面的理念体系，包括道德和诚实、教育和工作中的性别和参与以及财富；三是政治价值方面的理念体系，包括国家控制、收入和财产分配、私有和国际主义。穆斯（Muuss，1996）认为情境强调的是个体与特定的社会团体（community）之间的相互作用，包括团体成员所具有的共同的文化与历史继承、共同的目标、信念系统和实践活动。李等（Li et al.，2011）对情境的构成持有两种分析观点，其中一种认为情境包括制度、法律和经济环境等因素，另一种观点认为情境是一种超越了地理和边界的文化变量，意味着一种影响不同文化背景的员工之间理解、接受、互动的行为、信念、假定和价值的范式。

事实上，随着个体国家的经济系统变成全球经济体的一部分，以及跨国公司的活动在许多行业占据了相当的分量（Kostova & Roth，2002），一方面，物质因素中的某些权变项已经被刻意的干涉所修正，趋同效应正在加速实现，如某些国际条例的出现；另一方面，由于国家或组织的发展水平和方式是不同的，为应对全球化，可能会在其他一些权变项，如制度安排、经济行为和组织形式上促进多元化（Hall & Soskice，2001）。同样地，从理念方面来说，不同国家及组织也可能会在某些方面接受外来的文化偏好，但也会保持或发展其不同的地方，因此，对于理解组织在多大程度上受到了“侵蚀”或保持了它们的“不同”，需结合物质与理念并通过比较进行分析，而这种分析的好处是可以帮助不同国家或组织找出更适合自己发展的路径。同时，根据所围绕的主体远近可以将情境划分成不同的层面，包括国家层面和组织层面。

综上所述，为了能够对情境进行概念和操作化，我们在上述分析的基础上进一步借鉴企业所处宏观环境的分析模型（PEST 模型），提出一个情境分类方法（见表2－7），包括物质情境和理念情境，并表现为国家和组织两个层面，其中物质情境包括政策要素、经济要素和技术要素，理念情境表现为社会文化要素。具体而言，政策情境在国家层面体现为一个国家的制度、法律和规则等，在组织层面表现为一个组织的战略、战术、规则与物理状况等；经济情境在国家层面表现为宏观要素，包括一个国家的各种经济指标、经济政策、发展水平、发展速度、消费者状况和市场等，而在组织层面表现为微观要素，即组织的关系、资本和所有权等；社会文化情境包括一个国家或地区的文化价值、宗教价值和政治价值等，在组织层面，政治价值表现为组织价值；技术情境在国家层面和组织层面分别表现为对技术的运用、开发的投资、设施、手段、发展、技术转移、商品化速度和专利技术等。除了已有文献中的分类方法以及本书所提出的情境分类，还可以从更多不同的视角对其进行研究。例如，基于组织内、外部角度的情境分类，基于环境和心理角度的分类研究等。

表 2－7　　基于 PEST 的情境分类

情境要素	物质情境		理念情境	
	政策要素	经济要素	技术要素	社会文化要素
国家层面	政策，规则，法律	经济指标，政策，数量，增长，变化，发展水平，发展速度，消费者状况，市场	技术运用，设施，手段，投资，发展，技术转移，商品化速度，专利	文化价值，宗教价值，政治价值
组织层面	战略，战术，规则，任务，物理，领导	关系，资本，所有权	技术运用，设施，手段，投资，发展，技术转移，商品化速度，专利	文化价值，宗教价值，组织价值，员工价值

资料来源：笔者整理。

2.3.3 中国情境化研究现状

情境化是指将研究置于一定的情境当中，包括特定研究所处的物理的、政治和法律的、文化的、社会的、历史的、经济的环境以及组织环境（Muuss，1996），且在对现象进行描述、理解以及理论化时，有效整合所在情境（Tsui，2006）。大部分学者已认识到情境在管理研究中的重要性和必要性（Barney & Zhang，2009）。

情境化视角下的中国管理研究分为直接利用、现象分析和情境分析，此外，情境化视角下的中国管理研究经历了从直接利用国外理论、聚焦于现象的有限情境化分析、聚焦于现象的深度情境化分析、聚焦于情境的深度情境化分析到聚焦于情境的有限情境化分析的发展过程。以中国情境化研究方式、情境化程度和时间维度可以形成中国情境化研究的分析框架。

（1）情境化视角下的中国管理研究。

① 直接利用。直接利用是指，承认存在中国情境，但认为西方企业管理理论是情境钝感（context insensitive）的，可以普遍地运用于世界各国及地区，因此可以直接应用于中国企业的管理实践。例如，蔡昉等（2003）直接应用比较优势理论对 WTO 框架下增强中国工业竞争力的具体途径和方向进行了研究。

直接利用分析虽然在中国情境化研究的初期被较多采用，但却是现有情境化研究文献数量最少的一种方式。

② 现象分析。情境化研究的现象分析是指，不仅承认情境的差异性，同时进行详细的研究，侧重于在中国背景下运用与完善其他情境中发展出的管理理论或是对中国独有情境下的管理现象进行理解与分析，聚焦的视角在情境下的现象。正在兴起的中国经济给验证与完善通用型的管理理论提供了一个天然实验室。同时，为更好地阐释中国现象，应摆脱西方学者设定议题的掣肘，使中国学者自主地、创造性地开发研究议题（Barney & Zhang，2009）。也就是说，中国情境为新构念和新现象的涌现提供了丰富的沃土。现象分析是中国情境化研究各个时期普遍采用的同时也是最多使用的方式，包括聚焦于现象的有限情境化和深度情境化研究两个维度（见图 2－2）。

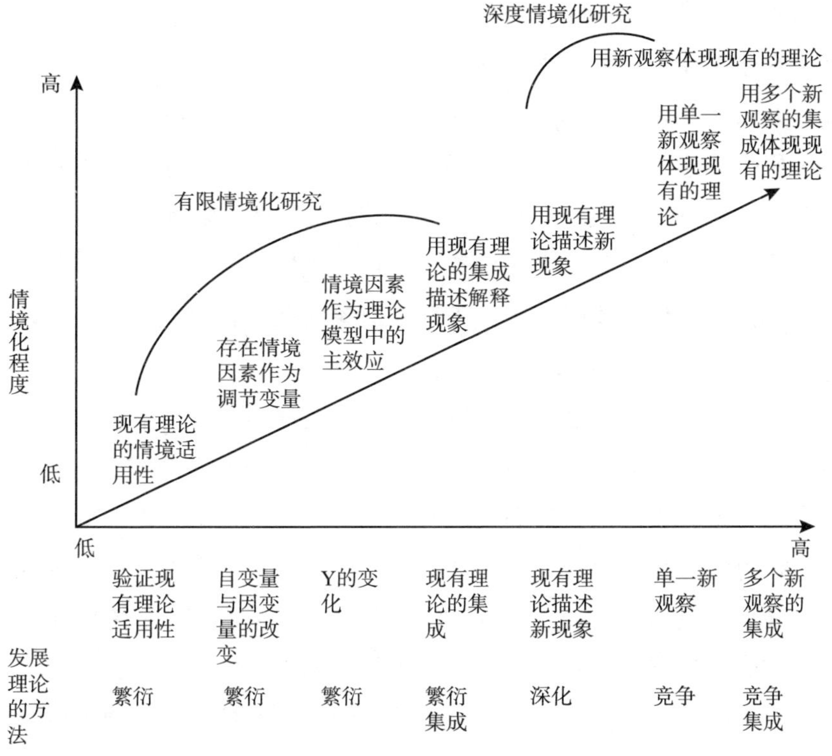

图2－2 聚焦于现象的中国情境化研究

资料来源：笔者整理。

聚焦于现象的有限情境化研究是指，在中国背景下运用与完善其他情境中发展出的管理理论。这类研究称作“将普遍知识情境化”，是一种嵌入情境的研究（陈晓萍等，2010），同样的变量在不同情境下出现了不同的结果，它们丰富了已有的普遍知识，对建立全球管理知识颇具价值（Tsui，2004）；聚焦于现象的深度情境化研究是指，对中国独有情境下的管理现象进行理解与分析，这是一种文化特殊性的研究（Leung，2009）。中国持续而显著的社会、经济和组织的变革不仅提供了一个检验已有理论的丰富情境，还提供了发现中国组织和管理的新的、独特方法的潜力（Cheng，1994）。如果知识的创造通过开发（exploitatioin）和探索（exploratioin）两种途径产生，那么中国管理理论（有限情境化研究）相当于通过开发而创造新知识，因为它建立在现有知识的基础上。管理的中国理论（深度情境化研究）相当于探索，因为它创造了全新的知识（Zhao & Jiang，2009）。这种研究关注西方学者并不熟悉的新情境中的现象，通常是单一国家或单一文化下进行的（Tsui，2004）。与有限情境化研究相比，深度情境化研究在现象分析中比例较少。从文献发表时间来看，有限情境化研究比深度情境化研究较先采用。但深度情境化研究是最高层次情境化的本土研究（Tsui，2004）。

聚焦于现象的有限情境化研究有四种表现形式，包括在中国情境下验证现有理论的适用性研究、情境因素作为调节变量的研究、情境因素作为预测变量的研究和用现有理论的集成描述解释现象的研究。

在中国情境下验证现有理论的适用性研究是指，检验现有理论在中国情境下是否适用或发生变化。这种“由外而内”的情境化研究把一个通常研究的问题或者一个熟悉的现象引入中国情境，这个方式希望在中国情境下应用并检验现有的理论，以发展出一个更好的理论（Tsui，2006）。例如，张剑等（2009）对情绪智力三维结构模型在中国情境下进行了验证与应用。

情境因素作为调节变量的研究是指把中国的情境特征作为调节变量，通过引入中国情境特征考察自变量与因变量关系的变化。例如，何轩（2009）将中庸思维这一极具中国传统文化特色的元素作为调节变量，探讨其在互动公平与员工沉默行为关系中的作用。情境因素作为预测变量的研究是指，将中国情境作为主要自变量，其特征的不同导致某些现象的不同。例如，葛建华和王利平（2011）通过案例方法，以处于战略转型中的中国长江三峡集团公司为研究对象，分析、总结其从工程建设阶段到运营管理阶段所处环境的变化、组织目标以及组织形态的演变，对环境力量如何渗透到组织内部影响组织形态进行了研究。

用现有理论的集成描述解释现象是指，在中国情境下，应用两个或两个以上现有理论的集成对现象进行描述与解释。例如，卢等（Lu et al.，2011）基于企业资源、行业变革和对外投资政策的视角对中国私营企业对外投资动机进行了研究，并构建了一个综合“战略三角假设框架”。

从研究数量上看，现有理论的集成描述解释现象的研究最多，现有理论的适用性研究最少。总体来看，这四种表现的文献数量逐渐增加，这是由于调节变量的研究是比适用性研究更深入的情境化分析（Tsui，2004），而情境效应扮演的角色又逐渐成为面向解释的探究的中心，从理论的适用性到作为情境敏感的调节变量引入，最后到解释Y（Whetten，2009），同时，现有理论的集成描述解释现象的研究发展理论的方法包括繁衍和集成，说明这种情境化研究是一种更复杂的分析。集成分析是用现有理论的集成来说明情境原因，类似于在原有理论的基础上引入新的情境理论（例如引入新的现有理论、调节变量和自变量），是改良的情境效应理论，增强对现象的解释的效用，使其更具情境敏感性（Whetten，2009），可以看作比前三种情境化程度更高的研究。随着中国管理情境化研究的深入，情境化研究的层次逐渐升高，随着时间的推进，“深度”情境化研究数量增加，并逐渐超过早期的情境化研究。从定义和实例来看，这四种研究的理论贡献分别与瓦格纳和伯杰（Wagner & Berger，1985）四种发展理论方法中的“繁衍”“繁衍”“繁衍”“繁衍和集成”对应。

聚焦于现象的深度情境化研究有三种表现形式，分别为用现有理论描述新现象的研究和用新观察体现现有的理论的研究（包括用单一新观察体现现有的理论和用多个新观察的集成体现现有的理论两种研究方式）。

用现有理论描述新现象是指，在中国情境下通过对现有理论的深化扩展来描述新的现象。例如，贺小刚等（2006）对中国企业家所强调的动态能力维度进行研究并在已有研究的基础上开发适合中国情境使用的测量工具。他们首先回顾现有文献对动态能力维度的界定，包括客户价值导向、技术及其支持系统、组织机构支持系统、制度支持系统、更新的动力和战略隔绝机制。然后通过对中国企业家的调查及资料分析得出，许多企业家对动态能力的理解与现有理论分析存在一定的差异性，更强调的是企业的市场潜力、组织学习、组织变革、组织柔性和战略隔绝等内容。

用新观察体现现有理论的研究是指，在中国情境下，用与现有理论相关的新观察来解释说明中国现象。其中，用单一新观察体现现有理论是指，在中国情境下用某一新观察体现现有的理论。例如，黄江明（2007）以海尔产品开发为研究对象，探讨中国企业产品的创新管理模式与竞争能力。在传统的产品开发体系中，研发战略目标、产品开发业绩评价以及激励措施并不完全一致。自 2002 年创立型号经理制以来，海尔将市场原理引入企业内部，对研发人员的业绩评价与开发产品的市场业绩直接挂钩，实行市场化工资，以此调动研发人员开发新产品的积极性。用多个新观察的集成体现现有的理论是指，在中国情境下，用多个新观察的集成来体现现有的理论。例如，欧阳桃花（2007）以海尔自主开发的双动力洗衣机为案例研究对象，探讨中国企业个性化产品开发与低成本制造的创新模式。研究发现 20 世纪 90 年代以来，市场要求缩短产品开发周期和快速提供定制化的产品，迫使企业一直在标准化大规模生产与定制化和差异化市场需求之间寻找平衡点。海尔在创建型号经理制的基础上，同时推行模块经理制。模块经理通过推动产品开发的模块化与零部件标准化的建设，降低产品开发与制造成本，以提高新产品开发绩效，并把单个型号产品的模块资源转化为企业产品开发的共享资源，以提高企业多项目产品开发业绩。模块经理与型号经理相结合，兼顾了产品开发中的市场、技术和成本三个维度，较好地平衡了新产品开发中技术与市场的关系。

从研究文献的数量上看，现有理论描述新现象是较多被采用的。这是由于目前缺乏和难操作的是涉及最高层次情境化的本土研究

（Tsui，2004），他们相较有限情境化研究的数量偏少，同时，在针对具体情境的研究中，用新观察体现熟悉的策略是最高层次的情境化（Tsui，2004），数量更少。这个结论与有限情境化研究不同，这是因为深度情境化研究不像有限情境化研究那样被学者们广泛和较早的使用。因此，虽然随着时间的推移，研究向高层次方面发展，但“低”层次研究仍然占有“较多”的比例。新观察体现现有的理论研究中的用单一新现象体现现有的理论是较多被采用的。这是因为，用多个新观察的集成体现现有理论的研究发展理论的方法包括竞争和集成，是一种更复杂的分析，可以看作情境化程度更高的研究，与前述分析相同，这种研究的数量更少。此外，从定义及实例可以得出三种方式的理论贡献依次是“深化”“竞争”“竞争和集成”。

③ 情境分析。中国情境化研究的情境分析是指找寻导致现象变化的情境原因，关注的视角在情境本身（见图 2 - 3）。利用情境因素解释跨情境研究时结果的不一致，是比较组织研究中的传统领域，反映的研究问题是，“在不同情境中，针对某一个特定的组织实践，何种情境区分效应可以解释观察到结果的不同?”（Whetten，2009）。从研究数量上看，情境分析远远低于现象分析，但高于直接利用这种最早采用的方式，相关研究在较早时期就有涉及，但是较多的文献集中出现于这些年，说明情境分析是中国情境化研究中较少采用的方式，但近些年逐渐受到关注。情境分析进一步分为聚焦于情境的有限情境化和深度情境化研究两个维度。

聚焦于情境的有限情境化研究是指，用现有理论探寻现象背后的情境原因；聚焦于情境的深度情境化研究是指，用现有理论的深化与扩展或新理论来说明情境原因。与现象分析中的有限情境化研究数量显著高于且早于深度情境化研究不同，情境分析中的深度情境化研究数量较多，且在时间上更早被采用。这是由于情境分析中的深度情境化研究有很多与传统文化相关或是在中国情境中很早并一直存在的因素，如儒家思想、关系、差序格局等，中国学者容易理解这些新的情

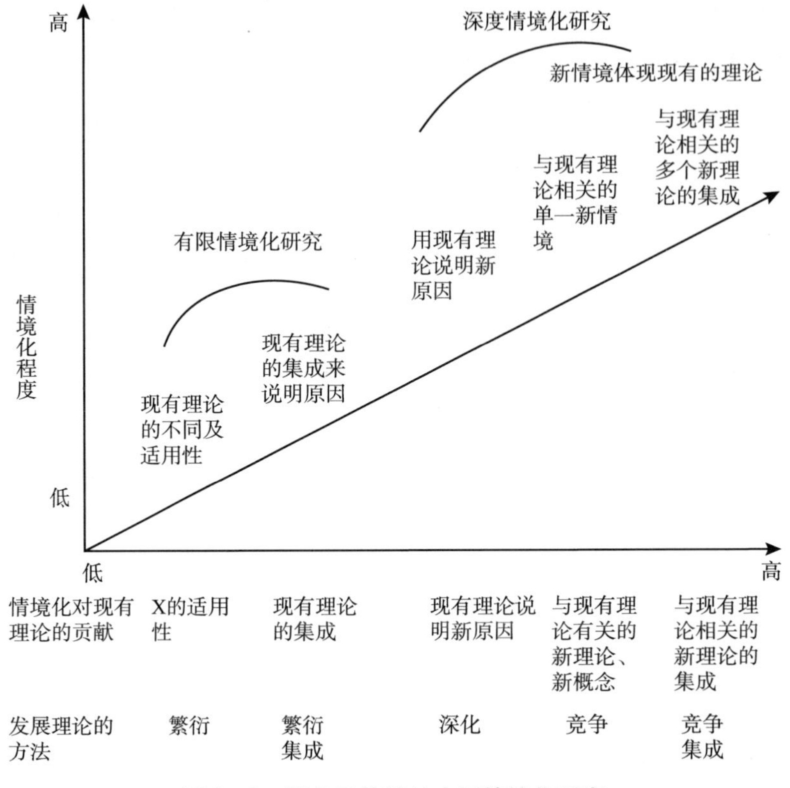

图 2-3　聚焦于情境的中国情境化研究

资料来源：笔者整理。

境要素并乐于在研究中应用它们对现象进行解释，中国组织研究领域中跨国界比较主要集中于已被熟知的情境效应（Whetten，2009）。与现象分析相同，情境分析中深度情境化研究是比有限情境化研究更高层次的情境化研究。

聚焦于情境的有限情境化分析有两种表现形式，包括应用已有情境理论解释现象的不同及其适用性和用现有理论的集成来说明情境原因。

已有情境理论解释现象的不同及其适用性研究是指，分析和验证已有理论对中国现象解释的适用性。聚焦于情境的情境化分析可以看作是聚焦于现象的情境化分析中将现象与情境的位置互换。因此，参照现象分析的理论贡献，情境分析的有限情境化研究发展理论的方式是“繁衍”。例如，卢等（Lu et al.，2006）对在中国推动管理人员知识共享的包括个人层面、人际关系层面以及组织层面的原因及其作用进行了研究。他们首先通过现有理论分析得出相关假设，然后通过相关数据的收集对其进行证明。郭熙保（2002）的研究发现，关于描述经济增长与收入分配关系的库兹涅茨假说在学术界存在长期的争论。文章把人类发展指数作为发展水平的指标，得出了库兹涅茨倒“U”形曲线，并用发展经济学的观点从理论上支持了这一假说，文章认为，库兹涅茨假说在中国也存在，中国收入分配不平等的扩大主要是由经济不平衡发展引起的。

用现有理论的集成来说明情境原因是指用现有理论集成的新情境来说明原因。例如，李等（2011）对组织信任的情境性前因进行了研究。作者首先通过理论分析得出原因假设整合模型，然后通过多维度跨层次的中国企业的数据验证模型。韵江和刘立（2006）在中国企业路明的创新战略演进的引申讨论中，对推动其成功实现创新战略的三方面具有本土背景特征的关键影响因素进行了研究：包括吸收能力、企业家对创新的专注和远见（它是脱离于企业发展的独立变量）、历史压力和随机事件（中国转型时期的特定环境背景），参考现象分析中的集成研究、定义及案例说明，这种研究的理论贡献是“演绎”和“集成”。

与现象分析中的有限情境化研究结论相反，情境分析中的现有理论的适用性研究多于现有理论的集成描述解释现象的分析，这是由于与现象研究中比较缺乏的是深度情境化分析不同，情境分析目前缺乏有限情境化研究，且出现时间较晚，而有限情境化研究中的集成分析的理论贡献包括“演绎”和“集成”，适用性分析的理论贡献是“演绎”，从理论贡献角度来看前者更复杂，因此数量较少。

聚焦于情境的深度情境化分析有三种表现形式，分别为用现有理论说明新原因和用新情境体现现有的理论（包括与现有理论相关的单一新情境和现有理论的集成描述解释现象两种研究方式）。

用现有理论说明新原因的研究是指，用现有理论的深化与扩展说明新的情境原因。例如，吴伟浩和许庆瑞（1999）对中国企业实施事业部制的原因进行了分析与探讨，认为中国企业采用事业部制有各方面的原因，既有和西方企业相同的一方面，也有中国自身的特殊情况。从定义及实例可以得出这种研究的理论贡献是“深化”。

用新观察体现现有理论的研究是指，用与现有理论相关的新的情境因素来说明原因。其中，与现有理论相关的单一新情境是指，用与现有理论相关的某一新情境来说明原因。例如，邹恒甫（1993）对中国人市场竞争意识的来源进行了分析，研究发现，中国传统文化的主流是一种与西方文化不同的生活的有为主义，这种有为主义体现在中国文化特别是儒家文化“修身齐家治国平天下”的报负，至大至刚的“浩然之气”，中国文化的有为主义可以在市场经济占主导地位的经济生活中因其社会伦理价值观的变化而向市场竞争意识转化。中国文化的有为主义是中华民族在当今竞争的世界经济中生存发展的文化基础。从定义及实例可以得出这种研究的理论贡献是“竞争”。与现有理论相关的多个新情境的集成是指，用与现有理论相关的多个新情境的集成来说明原因。例如，罗家德（2012）用圈子现象对中国人长于平衡耦合与脱耦进行解释。作者基于费孝通的“插叙格局”框架和杨国枢的中国社会关系的三个类别，提出一个个人中心网络圈子分层及其相应行为法则的框架，框架中中国人建构圈子的一些特质有助于回答格兰诺维特所提出的问题——中国人似乎并不如集体主义文化或东亚企业模式所预测的那样封闭，相反地，中国人的弹性和创造、寻找机会的能力，创业活动的发达令人印象深刻。从定义及实例可以得出这种研究的理论贡献是“竞争”和“集成”。

与现有理论说明新原因的研究相比，新情境体现现有的理论的研究是较多被采用的，这个结论与现象分析不同，这是由于新情境体现现有理论的研究与传统文化更相关，有更多中国独特情境的内容，而中国学者更乐于在研究中采用这种“深度文化”对现象进行解释。

在新情境体现现有理论的研究中，与现有理论相关的多个新情境的集成研究数量更多。这个结论与聚焦于现象的深度情境化研究中的用单一新观察体现现有的理论的研究多于用多个新观察的集成体现现有的理论的研究不同，这是因为新情境体现现有的理论的研究被较多和较早的使用，随着时间的推移，研究向高层次发展，在这个过程中，高层次研究（集成研究）逐渐受到重视，数量增多，并最终超过较低层次的情境化（单一）分析。

在情境分析中，前两种情境化研究是用现有理论探寻中国现象背后的情境原因，后三种研究是用现有理论的深化与扩展或新理论来说明情境原因。

（2）情境化视角下的中国管理研究发展脉络与整合框架。将有关中国情境化研究发展脉络的结论整合如下，直接利用是中国情境化研究的最初表现；现象分析文献发表时间存在于各个时间段，聚焦于现象的有限情境化研究相较于深度情境化研究是更多和更早采用的方式；情境分析研究在较早时期就有涉及，但较多文献集中近些年出现，与现象分析结论不同，聚焦于情境的深度情境化研究是比有限情境化研究更多和更早采用的方式。通过以上分析，可以得到如下中国情境化研究的发展脉络（见图 2－4）。

此外，中国情境化研究分为直接利用、现象分析和情境分析等三个维度。其中现象分析和情境分析的维度包括有限情境化研究和深度情境化研究。进一步，对情境化研究的文献内容进行分析，聚焦于现象的有限情境化研究中，张剑等（2009）是单时点研究，葛建华和王利平（2011）的研究是多时点演化研究。聚焦于现象的深度情境化研究的文献中，贺小刚等（2006）的研究是单时点研究。聚焦于情境的有限情境化研究中，郭熙保（2002）的研究是单时点研究，韵江和刘立（2006）是多时点研究。聚焦于情境的深度情境化研究的文献中，吴伟浩和许庆瑞（1999）是单时点研究。通过以上的分析可知，单、多时点情境化分析嵌入在直接利用、现象分析和情境分析

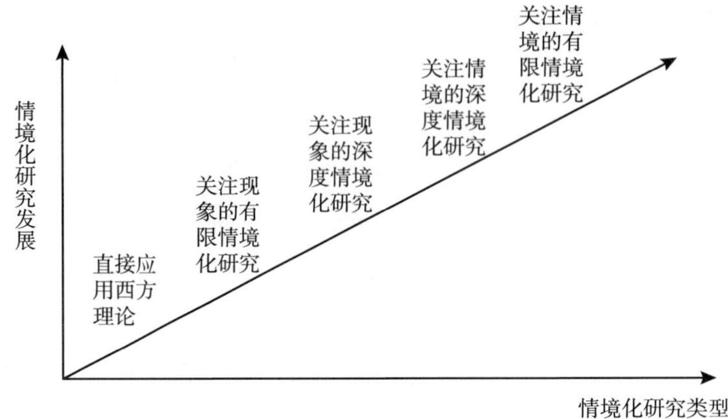

图 2-4　中国情境化研究脉络

资料来源：笔者整理。

析之中。因此，以中国情境化研究方式（包括直接利用、现象分析、情境分析）、情境化程度（包括有限情境化分析和深度情境化分析）和时间维度（包括单时间点和多时间点）可以形成中国情境化分析框架（见图 2-5），匹配为多种情境化分析方式：如以情境化方式为现象分析、情境化程度为有限情境化研究、时间维度为多时间点形成的中国情境化研究。

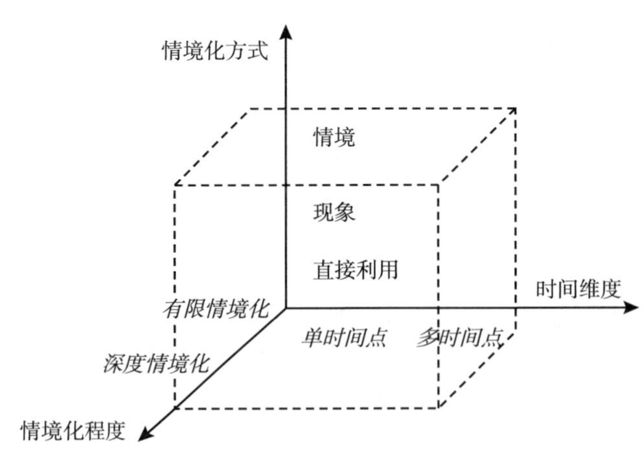

图 2-5　中国情境化研究框架

资料来源：笔者整理。

2.3.4　形成企业核心竞争力的关键情境因素

情境理论为企业核心竞争力的形成提供了重要的启示，情境（context）是存在于组织内外部的各种现象或刺激因素，它与现象有关并有助于解释现象的周边环境（Mowday & Sutton，1993）。在经济形态不同的国家或是在不同的组织情境下，人们的行为反应、企业能力和组织结构等存在着显著差异（Chen，1995）。各种独特的情境不仅造成企业许多关键战略要素的区别，而且其他诸多的管理实践也不尽相同（蓝海林等，2012）。情境化视角的研究有利于从更加宏观的和全面的角度看待问题，解决某些用现有理论无法解释的具体问题。因此，寻找对某些重要现象的恰当理解和解释，必须考虑情境因素（Tsui，2004）。现有研究中，众多学者就形成企业核心竞争力的关键情境因素及其对企业绩效和创新等各种竞争表现的影响展开了广泛的研究，并主要集中于政策与战略、经济、技术与能力和社会文化等情境要素的探讨。

（1）政策与战略要素视角的研究认为企业的表现受国家政策、企业领导和战略等力量的影响。政策本身的获益性、信赖度、适应性和复杂性均对企业的行为和企业绩效产生影响，政策的获益性、信赖度和适应性越高，企业对政策的正面行为越高，而政策内容复杂性越高，将会使企业认为政策本身的可用性或有利程度下降，从而影响政策的效果。此外，各种特定的资金支持型和非资金支持型政策，包括金融政策、财政政策、税收政策、创业行政支持政策、公共政策、法律政策及政策工具单独或协同的对企业的盈利和成长产生影响（陈清泰，2006；靳庆鲁等，2012）。同时，政府的政策取向同企业的核心竞争力也存在一定的相关性，如偏紧的财政政策和稳健的货币政策有利于减少企业对政策的依赖，遏止产能过剩现象，促使企业更加耐心的实施有利于提高自身核心竞争力的投资规划（金碚、龚健健，2014）。并且，中国企业的领导具有变革型、交易型、家长型、任务型和关系型等不同的领导风格和行为，这些风格和行为能够影响中国企业的战略决策、管理效率、下属效能、人际和睦、组织士气、员工创新、信任、员工态度和心理授权等，进而成为决定企业成败的关键因素（Yukl，2002；鞠芳辉等，2008；郑伯埙等，2003；王辉等，2006）。尤其对于处于创业初期的中国企业来说，由于其制度和文化建设还处在初级阶段，这使企业的发展在很大程度上受领导个人特质的影响（陈国权、周为，2009），此外，战略作为一种包含产品与市场范围、增长向量、协同效应和竞争优势等构成要素的变量也有助于理解企业的行为表现，依据环境的不断变化，企业通过战略创新和模式选择能够推动业务转型，并保持与变化了的环境间的动态平衡，从而实现持续成长和跨越式发展（李烨，2005）。

（2）经济要素视角的研究侧重于探讨资源禀赋、要素价格、市场条件和资源（资本）对企业发展的重要作用，充分考虑发挥丰富劳动力资源的比较优势，进行产业选择、技术选择和分工选择，是提高企业核心竞争力的现实途径和出路（张剑等，2009）。此外，公平的市场竞争是企业竞争优势的源泉，因此市场化程度越高，微观经济主体有序竞争的积极行为越强，对提升企业核心竞争力越有利，企业绩效的改善也就越显著（金碚、龚健健，2014）。与此同时，物质资源（如厂房设备、位置、获取材料的通道和物质技术等）、人力资源（如经验、关系及培训体系等）和组织资源（如正式与非正式的计划、控制与合作系统、集团间、企业内及其与环境的关系和网络等）是企业获取竞争优势的重要来源，例如，民营企业所拥有的政府资源能有效帮助其进入政府管制行业，而进入高壁垒行业及进入程度大的民营企业的绩效要显著高于其他企业（罗党论、刘晓龙，2009）。中国社会是一个特别重视并善于利用关系网络来达到各种目的的社会，关系资源是理解中国社会与经济生活所必须注意的基本情况，中国家族企业通过复杂的外界网络扩大交易与势力，家族联盟通过广泛的亲属网抵消互不信任的问题（雷丁，1993），而善于利用社会关系网络资源的中国创业者则能够通过丰裕的关系，整合到更丰裕的创业资源，并收获更高的企业绩效（杨俊等，2009）。

（3）技术和能力要素视角的研究认为企业的竞争优势取决于政府的投入、采购、企业的技术水平、动态能力和学习等内外部力量（叶伟巍、郑锦宜，2007；Pralahalad & Hamel，1990；Teece，2001）。政府的科技拨款资助对企业增加自筹的研发投入具有积极效果，政府的拨款资助越稳定，效果越好（朱平芳、徐伟民，2003）。政府采购可以帮助企业提高自主创新能力，从潜在技术创新资源和技术创新活动角度来说，对企业的科研成果和产品进行采购，可以创造一个稳定的市场空间，降低新产品早期进入市场的风险，推动企业对新技术、新工艺和新产品的研发。从技术创新环境角度来说，政府采购可起到示范作用，营造良好的技术创新政策环境和社会环境，进而树立企业对自主创新的意识，引导社会其他主体的采购行为（叶伟巍、郑锦宜，2007）。现阶段中国市场处于持续变化之中，企业适应这种动态性竞争需要自主创新实践积累的技术能力和长期学习获得的动态能力，其中，技术能力有助于中国企业改进产品的生产力流程，降低生产成本，帮助企业在实现快速创新的同时获得开放市场条件下的控制力（路风，2006）。此外，具有战略柔性、整合能力、重构能力和吸收能力等维度的动态能力也对中国企业的绩效水平有显著的影响（Helfat，1997；Eisenhardt，1989；Lampel & Shamsie，2003；Aragón - Correa & Sharma，2003；王永贵等，2003；Zahra et al.，2006；Galunic & Eisenhardt，2001；Marcus，2006；Teece，2007；Wang & Ahmed，2007；Pablo et al.，2007；徐二明、陈茵，2009）。例如，王永贵等（2003）发现，在当前动荡的环境下，战略柔性是影响中国企业绩效水平的关键因素，它不仅对体现企业竞争优势强弱的顾客感知价值具有积极的显著性影响，而且也对新产品绩效和企业总体绩效水平产生重大的影响。同时，作为构建和运用企业核心竞争力的战略手段和关键途径，组织学习对动态环境下的中国企业的核心竞争力也具有重要影响，组织学习能够通过知识的获取与传递提高企业的技术能力和动态能力（王永贵等，2003），进而影响企业创新成效以及员工、运作、客户和财务等方面的竞争优势。

(4) 社会文化要素视角的研究集中于传统文化、组织文化和员工态度等对企业市场优势的驱动作用，这些文化背景与意识形态能够通过影响组织认知、情感和行为等影响企业的表现。如由于受到中国主流儒家文化的影响，中国企业家往往采取家长式的领导风格，包括权威领导、仁慈领导和德行领导，员工在这种领导方式下则产生了敬畏顺从、感恩图报和认同效法的反应（郑伯埙等，2003；Redding，1990）。华人文化背景下的组织认同受到泛家族主义的影响，注重和强调和谐关系，把自我看成他人关系中的自我（Hwang，1999；Gilbert，2006），一些学者还指出，一个具有学习型文化的企业，与员工的工作满意度、组织归属感，进而与企业人力资源健康性和稳定性有密切联系，它能够通过增强员工的工作满意度最终增强组织的整体绩效（王晓晖，2007）。此外，诸如员工满意和组织承诺等的态度变量与企业员工的离职行为和员工的额外努力密切相关，进而能够影响企业的稳定与市场表现（叶仁荪等，2005）。

2.4 已有研究总结与研究视角选择

2.4.1 已有研究总结

通过上述对复杂技术产品相关概念、范畴、特性和研究视角的综述可以看出，早在20世纪90年代前期，美国学者卡什已经注意到了复杂技术产品对当代经济和社会发展的重大影响，之后众多学者对属于复杂技术产品的复杂产品系统进行了更加深入和详细的研究，同时，由于复杂技术产品对一国经济发展具有重要作用，复杂技术产品的创新和管理等研究就成为各国尤其是后发国家实践工作和理论研究关注的焦点，并主要从复杂产品系统子类别和具体产品两个视角进行分析。首先，复杂产品系统视角的研究比较关注概念、分类标准、创新特征与管理实践等，同时，发展中国家在此领域的理论与实证研究也开始得到重视；其次，独立产品视角的研究主要针对具体复杂技术产品或项目，着眼于微观层面，以企业或产品（项目）的案例研究为主，其目的是为某一产业的创新管理提出建议。

此外，在对形成企业核心竞争力的关键因素进行研究的文献中，情境理论提供了重要的启示，众多学者就具体情境因素及其对企业绩效和创新等各种竞争表现的影响展开了广泛的研究，并主要集中于政策与战略、经济、技术与能力和社会文化等情境因素的探讨。政策与战略因素视角的研究认为企业的表现受国家政策、企业领导和战略等力量的影响；经济因素的研究侧重于探讨资源禀赋、要素价格、市场条件和资源（资本）对企业发展的重要作用；技术和能力因素的研究则认为企业的竞争优势取决于政府投入、采购、企业的技术水平、动态能力和学习等内外部力量；社会文化因素的研究集中于传统文化、组织文化和员工态度等对企业市场优势的驱动作用。

2.4.2　研究视角与需要进一步解决的问题

已有研究表明，复杂技术产品包括复杂装备产品、复杂消费产品、复杂制造设备和复杂 IT 产品等多种不同种类的产品。其中，复杂消费产品是一种具有较高技术、高附加值和规模化生产的消费产品，在复杂技术产品中具有重要的地位，其竞争能力是中国提高制造业技术水平，实现技术和经济追赶，促进产业结构升级的重要领域。然而，中国复杂消费产品的技术含量不高，长期依赖外部技术，处于全球价值链低端。同时，产品升级换代极其缓慢，市场竞争力较弱，产业国际竞争力偏低，严重制约了中国相关产业的发展，中国制造业产品的升级和在世界制造业价值链体系中地位的攀升。因此，中国要想完成经济发展从依靠简单技术产品向复杂技术产品的转变，必须快速有效的提升复杂消费产品企业的核心竞争力，然而，现有复杂技术产品研究主要从复杂产品系统和具体产品等两个视角进行分析。较少对复杂消费产品整体进行研究，由于与复杂产品系统相比，复杂消费产品在技术、生产、产品、市场、竞争与合作和创新等方面均表现出独特的性质，而与复杂消费产品的某一具体产品类型相比，这些特征则是不同产品类型特征的交集。因此，已有复杂技术产品的相关理论不能很好地解释和指导复杂消费产品的管理与实践。

已有文献从情境视角清楚地显示了形成企业核心竞争力的关键因素，但对中国重要产品（复杂消费产品）企业核心竞争力的形成过程中需要具备何种情境因素这一问题还不甚清楚，而特定产品企业可能具有与“普适”理论完全不同的情境因素，此外，现有文献多集中于对某一情境因素的探讨，缺乏对多个情境因素及其作用关系的研究，而企业往往受多个情境因素的综合影响，不同情境因素之间也存在一定的逻辑关系，这对于理解核心竞争力的形成至关重要，对这些问题的忽视容易导致对研究问题的不充分解释。同时，现有文献对具体情境因素如何形成的研究也非常有限，这使得进一步深入探究与发展各情境因素存在一定的困难。而且，某些情境在不同的阶段受环境条件等的影响往往需要不同的形成要素，因此为了能够深入了解这些情境因素的形成机理，还需对其机理的演化特征进行研究。

综上所述，对形成复杂消费产品企业核心竞争力的关键情境要素和机制模型，以及对具体情境要素的形成与演化机理的研究不仅具有重要的理论价值，对解释上述复杂消费产品企业竞争优势的本质问题，以及在快速变化环境下维护和形成自身核心竞争力等实践活动也有积极的指导意义。因此，本书围绕“复杂消费产品企业核心竞争力的形成”对以下问题进行研究：

第一，探讨形成复杂消费产品企业核心竞争力的关键情境要素和机制模型。情境是存在于组织内外部的各种现象或刺激因素（Mowday & Sutton，1993），它与现象有关并有助于解释现象的周边环境（Cappelli & Sherer，1991），情境为新构念和新现象的涌现提供了丰富的沃土（Tsui，2006），无疑是形成复杂消费产品企业核心竞争力的重要因素，为寻找对复杂消费产品企业竞争优势的恰当理解和解释，从而加强复杂消费产品企业的市场表现，本书对形成复杂消费产品企业核心竞争力的关键情境要素和机制模型进行解析，即在众多形成企业竞争力的情境因素中，哪些因素对复杂消费产品企业绩效的影响效果更为明显，也即能够形成企业的核心竞争力，此外，它们如何相互作用提高企业的竞争表现。

第二，不同情境结构维度的形成与演化机理研究。为深入理解复杂消费产品企业竞争优势的本质问题，以及在快速变化环境下维护和构建自身核心竞争力，对情境要素的研究不能仅限于情境的识别和讨论阶段，而需结合实践深化各情境要素的形成与演化机理，以指导在快速变化环境下复杂消费产品企业的具体实践活动。

2.5　本章小结

本章从复杂技术产品、企业核心竞争力和情境三个角度对相关文献进行综述和分析，从概念、维度、范畴、特性以及研究视角等方面对复杂技术产品和企业核心竞争力进行概述，并从概念、分类和中国情境化研究现状等方面对情境的相关研究进行归纳总结，且对与本研究主题较为密切的形成企业核心竞争力的关键情境因素作了较为详细的归纳，得出情境理论为企业核心竞争力的形成提供了重要的启示。众多学者就具体情境因素及其对企业绩效和创新等各种竞争表现的影响展开了广泛的研究，主要集中于政策与战略、经济、技术与能力和社会文化等情境因素的探讨，在对已有研究进行总结的基础上，从形成复杂消费产品企业核心竞争力的关键情境要素和机制模型视角，以及不同情境因素的形成与演化机理这两个方面提出了本书的研究方向。

第3章

研 究 设 计

为了深入挖掘形成复杂消费产品企业核心竞争力的关键情境要素和机制模型，以及具体情境要素的形成与演化机理，本章在企业核心竞争力的基本理论指导下，依据情境理论对企业核心竞争力来源的研究，构建了形成复杂消费产品企业核心竞争力的关键情境要素和机制模型的研究框架，同时基于文献分析对三个情境要素形成与演化机理的研究框架进行了说明。之后本章对研究所采用的访谈和案例方法的适用性进行了详细描述，并从界定访谈样本范围和访谈对象以及访谈设计与过程两个方面对本书涉及的访谈研究进行概述，从数据来源和数据收集过程等方面对涉及的案例研究进行归纳总结。

3.1 研究框架

3.1.1 形成复杂消费产品企业核心竞争力的关键情境要素和机制模型研究框架

本书所探讨的是处于追赶阶段的中国复杂消费产品企业，这一阶段，一方面，越来越多的跨国公司开始将市场由发达国家向发展中国家转移，复杂消费产品企业需面对跨国公司强大的技术实力和建立起来的领先的市场地位；另一方面，国内市场规模不断扩张，社会需求水平不断提高，消费者对产品的需求也不断改变。

在这种条件下，中国复杂消费产品企业要想获得市场竞争优势，可以从上述企业核心竞争力的基本理论中得到指导框架，然后从上述的情境理论中找到答案。

首先，从以往研究中我们可以发现，企业的核心竞争力由企业的内部资源、外部资源、技术能力或支撑能力等因素（组合）构成，其中，企业的内部资源主要包括企业组织内部所拥有的资源，这是企业经营管理的基础和建立竞争力的前提，如人力资源、生产和研发活动的设施和资金等；企业的外部资源对于企业的竞争力具有同样重要的作用，企业能够通过各种形式的战略联盟来利用外部资源完成创新过程，通过企业间的创新网络来提高竞争力，如企业的用户、研发机构以及与他们形成的虚拟组织等；技术能力是指具有技术特性或依附于专业技术人员的技能和知识的集合，可以通过企业各种创新活动的表现来反映；支撑能力是企业管理技巧和能力的集合，使企业有效的开发和整合企业的内部资源、外部资源和技术能力以提升竞争力，如采购能力、学习能力、市场和服务能力、人力资源开发能力和整合能力等。这些资源和能力为我们找寻复杂消费产品企业核心竞争力提供了基础的框架。

其次，情境理论为企业核心竞争力的形成提供了重要的启示，情境是存在于组织内外部的各种现象或刺激因素，它与现象有关并有助于解释现象的周边环境（Mowday & Sutton，1993）。在依据情境理论对企业竞争优势来源的研究中，政策与战略要素视角的研究认为企业的表现受国家政策、企业领导和战略等力量的影响（路风，2006）。这些要素对中国复杂消费产品企业的发展具有一定的促进作用，但单纯从制度和领导等角度解释是不够的（路风，2006），随着市场的开放和全球经济的一体化，政府在复杂消费产品企业竞争优势获取方面的作用在逐渐减少，市场从中度规制向一般市场机制演化，政府从中度调控向低度调控演化，国外企业开始享有同样的制度条件和生产资料。此外，领导能够通过影响企业的战略、员工的工作态度以及创新路径等影响复杂消费产品企业的发展，但由于在全球价值链时代，企业的竞争表现不再局限于自身的竞争力，也受其他合作企业表现的影响，此时，企业与企业之间的合作与适应受领导风格、企业协作和企业承诺等要素的综合影响。技术和能力要素视角的研究认为企业的竞争优势取决于企业的技术水平和组织学习等力量（叶伟巍、郑锦宜，2007；Pralahalad & Hamel，1990；Teece，2001），其中，组织学习能够通过知识的获取与传递提高企业的技术和管理能力，进而影响复杂消费产品企业的创新成效以及员工、运作、客户和财务等方面的竞争优势，中国复杂消费产品企业通过模仿创新等学习模式掌握了一定的技术知识，但从技术水平角度来看，中国复杂消费产品仍然缺乏核心关键件技术，而国外领先企业具备有利的技术条件。此外，社会文化要素视角的研究集中于传统文化、组织文化和员工态度等对企业市场优势的驱动作用，文化背景与意识形态能够通过影响组织认知、情感和行为等影响企业的市场表现。中国具有独特的文化和员工工作态度，因此，结合这些要素有利于中国复杂消费产品企业核心竞争力的探索。经济要素视角的研究侧重于探讨资源禀赋、要素价格、市场条件和资源（资本）对企业市场竞争的重要作用（张剑等，2009）。其中，由于中国人口的老龄化，适于从事复杂消费产品制造的年龄群规模缩小了，劳动力等要素成本的价格也在不断上升。此外，类似于战略联盟的网络资源能够帮助企业获取外部知识、技能和诀窍，并将其内部化（徐二明、陈茵，2009），合作伙伴之间共同识别和利用有价值的市场机遇有助于复杂消费产品企业获得竞争优势，但由于这种网络资源普遍存在，要想夺得市场，还需要找到中国复杂消费产品企业独特的网络结构并与其他要素相结合。进一步地，我们发现中国复杂消费产品企业所拥有的市场条件与以往的研究有所不同，以往的研究强调中国市场竞争的公平、劳动力和生产资料的价格等，忽视了中国市场需求的丰富与多样性特征，由于中国拥有巨大而多样的市场规模，可以实现创新的快速商业化。同时，中国具有非常愿意配合的、新想法的试验田，如中国的消费者非常乐于尝试智能手机新功能的初级版本，然后通过网络论坛或者其他方式与生产商合作，进而优化产品，这就为复杂消费行业提供了“另辟蹊径”、多样的、庞大的创新机会和吸收产品的市场海绵，此外，中国企业具有文化背景与意识形态影响下的市场认知优势，因此，能够进一步为优于竞争对手实现创新提供可能。基于此，中国复杂消费产品企业要想取得核心竞争力，可以依靠庞大而多样的消费市场以及对市场的文化嵌入进行有效的市场开发与创新。在此情境下，对于市场的开发与占领，可以遵从两条道路：一是基于西方的“精益求精”，即通过长期的研发，生产质量高、价格高的产品获得市场份额，由于技术能力的提升需要长时间的学习积累以及供应链企业的同等配套，因此，对于不具备较强技术能力的中国复杂消费产品企业及其配套企业来说，要想在短时间内获得与领先企业同等的技术能力开发出具有竞争力的高端产品并不容易。二是在一定技术能力的基础上从中、低端产品入手，生产性价比高的产品。由于受文化等因素的影响，面对多样、快速变化以及具有广泛消费群体的国内复杂消费产品市场，国外领先者的熟悉程度有限，此时，领先者往往愿意沿用原有成功的技术范式（高端产品）来赢得市场份额和竞争力（杨志刚，2008），因此，聚焦于中低端的国内市场进行创新就成为具有天然文化嵌入性的中国复杂消费产品企业获取竞争优势的潜在机会（谢伟，1999）。此外，由于领先者在对中国市场的开发过程中会逐渐增强市场熟悉度，中国复杂消费产品企业要想获取市场份额，必须在领先企业未对中、低端市场做出反应的情况下占领市场，即进行效率驱动的创新，只有这样才能在降低成本的基础上对市场机会进行快速的识别与把握。

综上所述，结合聚焦于中低端市场的创新和效率驱动的创新，实现对中低端市场快速有效的反应就成为复杂消费产品企业战胜竞争对手的核心竞争力。在这一过程中，技术能力的提高是实现这一目标的基础之一，对于不同的企业来说，技术能力的作用效果不同，大部分情况下，技术能力尤其是与产品开发相关的技术能力，往往内化为企业的战略决策能力影响企业的竞争绩效，这种战略决策能力的基础有两个：一是企业管理层对于技术、市场和自身组织的认识（这种认识永远与活动经验处于互动过程之中）；二是企业整体对执行战略决策的组织能力，包括企业在各个职能领域中的管理和执行能力以及全体员工的工作技能和积极性。而没有产品开发能力的企业将导致战略决策能力不足，容易受到外部力量的支配（路风，2006），不能自主地进行产品开发与设计，也无法对市场变化作出准确的判断。因此，对于与领先者具有较大技术差距的中国复杂消费产品企业来说，一定的技术能力积累是其实现对中低端市场快速有效反应的重要基础。此外，复杂消费产品企业外部的技术环境、内部资源和外部网络资源也会影响企业的战略决策，所以企业识别和利用市场机遇可能会受到这些因素的影响（Yukl，1984），但由于以往文献对技术能力作为复杂消费产品企业快速反应基础的研究较少，而这一要素又非常重要。因此，我们选择技术能力的提升作为复杂消费产品企业对市场机会进行快速的识别、把握与反应，进而赢得核心竞争力的基础。

进一步地，由于全球价值网络的形成，企业在技术提升过程中需要依靠网络资源才能保证获得大量、及时和准确的技术知识和资源，其中，敏捷供应链作为一种网络资源载体，是在竞争、合作和动态的市场环境中，由具有松散和紧密合作关系的伙伴所组成的快速响应环境变化的动态供需网络，敏捷供应链能够帮助成员企业快速取得所需要的技术知识，增加企业的技术知识来源，为企业技术能力的快速提高提供大量知识基础，众多丰富的关系有利于复杂消费产品企业直接参与或跟踪更多的研发和生产活动，促进企业产品开发与制造能力的提升。在此基础上，由于技术知识具有默示、隐含的特征，因此，企业不能够轻易地理解和掌握现有技术，即使获得了作为技术载体的机器、技术文献甚至操作规范并不能代表对技术的充分掌握，技术引进不必然导致接收方的技术进步和提高，技术知识的扩散和转移需要企业的主动学习，技术转移是困难的，技术的接收者如果能够主动地投入资源开展组织学习，就能够逐渐理解和掌握技术中的隐含知识，不断培育和发展运用技术和改进技术所需要的复杂技能，一些新兴工业化国家和地区的成功经验已经证明了这种内生的主动的组织学习在培育企业技术能力进而促进企业发展过程中的重要作用，同时，这种组织学习不仅仅是外生的、简单而无成本的过程，更应该是一个艰苦而努力的过程。在这个过程中，作为学习载体的员工的工作态度影响了相关技术知识的吸收、转化和运用，一方面，具有积极工作态度的员工表现出更大的意愿学习产品技能，愿意竭尽努力去实现组织的目标和价值（Porter，1974），通过更多的直接生产活动、提供材料和服务对组织做出贡献（韩翼、廖建桥，2005），进而能够增加员工学习的强度和学习的时间；另一方面，这种积极的工作态度使员工不受环境条件的影响而保持长期动态的学习，从而提高了企业学习的速度，因此，通过敏捷供应链、自主决策企业的组织学习和员工的积极工作态度，复杂消费产品企业能够快速获得作为重要竞争基础的技术能力（肖媛，2006）。

在此基础上，由于不同企业之间形成紧密的商业生态系统，复杂消费产品企业想实现效率创新，即快速有效的反应，不仅取决于企业自身的速度，也同样依赖于企业与其外部配套供应链系统的协调与配合。基于以往的研究，对于企业自身来说，领导的风格和行为决定着企业的战略方向，领导如果具有较强的市场认知和判断能力，就能够制定正确而高效的战略，以先动的、富有创造性的活动去开辟道路，值得注意的是在这一过程中，员工作为领导战略的执行者对企业的快速反应起到了重要的作用，领导通过增强员工的自我概念（self-concept），包括自尊（self-esteem & self-worth）、自我效能（self-efficacy）、个人对领导的认同（personal identity with leader）和社会认同

（social identity）等，能够提高员工的工作态度（陈永霞等，2006），积极的工作态度使员工专注于自己的工作任务，为了实现组织的目标而付出额外的努力（Yukl，1984），通过更多的直接生产活动、提供材料和服务对组织做出贡献（韩翼、廖建桥，2005），帮助同事完成与组织相关的任务或解决有关问题，承担工作外的责任，主动提出改进建议（Organ，1988），以及超越个人眼前的利益而去追求领导者所提出的使命和目标（Howell & Avolio，1993），从而能够增强企业绩效，提升整体能力，加快企业的反应速度（Organ，1988）。同时，许多领导受历史文化影响，具有一种快速学习、快速追赶和努力奋斗的领导风格，许多员工具有一种跟随、模仿和从众的文化与心理，这就进一步加强了领导行为对员工工作态度驱动的有效性，从而加快复杂消费产品企业对中低端市场的反应。此外，在网络环境中，敏捷供应链作为敏捷和供应链的集成能够在短时间内为成员企业带来许多有利条件和竞争优势，如基础设施、研发及财务资源等的共享，从而实现核心资源互补，使复杂消费产品企业能够充分利用生产能力，加快反应速度，上述过程中，组织学习基于对知识的快速吸收与利用，一方面能够在短时间内提高领导在管理和判断等方面的能力，从而进一步提高员工反应的效率和效果，另一方面使复杂消费产品企业识别并赢得最佳合作伙伴，有利于降低供应链中关系质量的不确定性，调动最佳合作资源，提高核心资源互补的效用。

此外，对于企业外部供应链系统来说，中国具有有利于进行持续创新的供应商系统，这个系统包括比日本大4倍多的供应商体系，1.5亿个具有经验的工厂工人和现代化基础设施，这些都为效率创新和取得成本优势提供了坚实的基础（方志梅、叶飞帆，2002）。在此基础上，如果想实现供应链的快速反应，还需要进一步对供应链系统进行有效的管理，即通过对供应商、制造商、运输商、分销商、客户和最终消费者之间的物流和信息流进行计划、协调和控制从而形成能够在竞争、合作和动态的市场环境中，快速响应环境变化的敏捷供应链。由于敏捷供应链内部的合作伙伴之间具有良好的互动，使产品、信息的流通达到最短，一方面，使顾客需求信息沿着与供应链物流相反方向准确迅速的反馈到供应链中各成员企业，进而保证供求的良好结合；另一方面，通过建立快捷和简便的流通渠道，能够极大地缩短流通路线，降低供应链整体流通费用。此外，敏捷供应链中各成员企业能够为了整体利益最大化共同合作，协力缩短产销周期，减少库存，从而使整个供应链系统对市场作出快速的反应，提高企业在市场中的响应能力。中国庞大而聚集的供应商体系能够增强其在沟通距离、成本以及规模经济等方面的效应，同时，中国企业多以关系为基础形成供应链，相较于竞争对手，这些强、弱关系有利于企业之间进行丰富而高效的交易和协作，降低资源的不确定性，增强交易的灵活性以及促进新信息的流动，从而进一步增强供应链的市场反应能力。此外，在员工工作态度的驱动下，核心企业和外部供应链企业能够在保证稳定运营的基础上提高反应速度，保证产品的质量，降低产品成本，从而增强供应链系统运行的效率和效果。同时，由于敏捷供应链的特点和特征及在管理实践中的应用，决定了其受信息技术、物流技术和生产技术等的客观影响（Hwang，1999），而积极的工作态度使员工延长工作时间，促进企业内部包括知识在内的资源流动，进而能够在短时间内增强各供应链企业的技术能力。此外，组织学习也有利于提高供应链的技术能力从而有利于供应链资源的整合，提高供应链整体运作效率，同时，复杂消费产品企业将组织学习获取的知识和信息扩散给合作伙伴，能够提高供应链企业之间的适应性和沟通交流，并获得利益相关者的支持与信任。

进一步地，对于企业的技术能力来说，知识吸收能力、社会网络、领导风格、社会资本和国际直接投资（FDI）也会影响信息和知识的流动以及隐含知识和敏感信息的传播，从而带来企业技术能力的提升（蔡铂、聂鸣，2003）。对于企业自身来说，劳动生产率、组织结构、战略变革速度和企业资源构建也会影响复杂消费产品企业的反应速度。柔性组织、灵活性组织和精益供应链则是能够快速反应的供应链系统（Gupta，1997），所以复杂消费产品企业对中低端市场的快速反应会受到这些因素的影响（刘训峰等，2008；何爱琴、任佩瑜，2010）。与组织学习、员工工作态度和敏捷供应链相比，这些因素同样重要，但因为一方面组织学习、员工工作态度和敏捷供应链这几个因素共同影响了企业的技术能力、企业的反应速度和供应链的反应速度，另一方面以往文献对组织学习、员工工作态度和敏捷供应链影响复杂消费产品企业技术能力提升和反应速度的研究较少，值得进行深入的探索。因此，我们选择组织学习、员工工作态度和敏捷供应链作为复杂消费产品企业取得核心竞争力，实现对中低端市场快速反应的核心要素。

因此，通过上述的初步分析可以得到，组织学习、员工工作态度和敏捷供应链是复杂消费产品企业快速有效反应的关键要素，其中组织学习和敏捷供应链受员工工作态度的影响。

（1）敏捷供应链。敏捷供应链是在竞争、合作、动态的市场环境中，由若干供方、需方等实体构成的快速响应环境变化的动态供需网络，是“敏捷”和“供应链”两个概念的结合（方志梅、叶飞帆，2002），敏捷供应链是基于合作的企业运作模式（如虚拟企业、动态联盟等）和敏捷生产等得以顺利实施的前提条件之一（Hwang，1999），而这些生产、运作模式的实施对企业的绩效水平有着重要的影响（廖成林、仇明全，2007），敏捷供应链基于其更高的信任（Teece，2007；Wang & Ahmed，2007；Anderson & Narus，1990；严建援、徐斌，2005）、承诺（Sarkar，1998；Aulakh，1996；Cullen et al.，1995）、依赖性（Lusch & Brown，1989；Dwyer & Schurr，1987；Alfred & Dean，2005）、适应性（Sanjeev ct al.，1999）、沟通交流（Anderson & Narus，1990）和协作（Anderson & Narus，1990）为成员企业带来许多有利条件或竞争优势，如基础设施、研发及财务资源等的共享，核心资源互补，并通过信息共享缩短产品从构思到投放市场的时间，充分利用生产能力，获取营销渠道共享市场或消费者忠诚，同时，能够为顾客提供解决方案而不仅仅是产品销售等（Fitzpatrick & Burke，2001）。

具体来说，敏捷供应链中企业之间的良好信任会使企业作对彼此有益而无害的事情，并完成义务，维持双方关系（Anderson & Narus，1990；严建援、徐斌，2005），从而降低运作的交易成本和经营风险，提高运作效率；而承诺不只是为了持续企业间重要关系的一种意图，还是为了维持相互关系而努力的保证（Hwang，1999），在这一要素的驱动下，合作企业之间主要以相互利益而非自我利益为目标采取行动，减少了不确定性和机会主义（Hwang，1999）；相互依赖性则是合作各方为了达到预期的共同目标而相互需要，它能够增强合作关系的稳定性（Lusch & Brown，1989），并促使合作各方加强对合作关系的承诺（Dwyer & Schurr，1987）；此外，适应性使企业在合作过程中出现较少的冲突或矛盾（Sanjeev et al.，1999），合作企业能够及时对生产系统进行调整及投资以快速满足企业特殊的供应，有助于快速适应消费者需求；顺畅的沟通与交流使企业之间能够及时交换有意义的信息，有助于战略目标的统一，减少供应链内耗与摩擦；合作企业之间在生产计划、新产品或工艺，价值分析等方面的协作，可以很好地降低生产成本，增强和加快新产品的革新能力（Sabherwal & Chan，2001）。

（2）组织学习。组织学习是企业在特定的行为和文化背景下，建立和完善组织的知识和运作方式，通过不断运用相关的方法和工具来增强企业适应性与竞争力的方式（Edmondson & Moingeon，1997）。组织学习模式是抽象地描述组织学习的过程，对分析该过程中发生的问题有很好的辅助作用。因此，许多学者对组织学习的具体模式及其与企业技术能力和企业绩效之间的关系进行了分析，根据学习内容的不同，组织学习可以归结为利用型学习（March，1991）、适应性学习（Senge，1990；Edberg，1981，Meyers，1990）、维持型学习（Meyers，

1990)、单环学习(Argyris & Schon,1978)、模仿学习等渐进式学习(Kim,1997),以及探索型学习(March,1991)、双环学习(Sabherwal & Chan,2001)、创造性学习(Alfred & Dean,2005;Fitzpatrick & Burke,2001)、转换型学习(Sanjeev et al.,1999)、改变型学习(Sanjeev et al.,1999)、过渡型学习等变革式学习(Meyers,1990)。渐进式学习是指那些减少变异并导致渐进式创新的精炼、效率和改善,探索式学习是指那些渐进式创新需要的搜索、发现和实验,这导致了变异和新奇(Li & Huang,1993)。前者是对新知识的获取和吸收,后者是对现有知识的转化和运用,通过渐进式学习和探索式学习,企业能够实现知识的创造和创新,使外部新知识变为内部老知识,隐性知识变为显性知识,实现知识的螺旋式上升,从而提升企业的技术能力(Nonaka,1996)。

其中,渐进式学习能够细化和延伸现有的能力、技术和范式(March,1991),挖掘补充与现有技术相关的知识,从而改进现有的产品与服务,开拓现有的市场,降低成本,提升内部管理,同时还可以使企业重复过去的经验来复制成功,并通过进行渐进式的创新和动态能力的持续改进保证企业的正常运营与生存(Katila & Ahuja,2002)。进行变革式学习的企业则尝试进入全新的领域,开发新产品与服务,或者实验新的替代品(March,1991)。面对环境的重大变化,企业成败的一个关键决定因素就是企业的探索式学习能力(Fang & Lee,2010),它可以帮助企业获取新知识、新理念和新方法,进而通过开发新产品和市场,获得突破式创新和发展,提高产品的销售收入和市场占有率,因此,无论是渐进式学习还是变革式学习都有利于提高企业的能力和成长绩效。

(3)员工工作态度。员工工作态度理论认为员工的工作态度尤其是积极的工作态度决定了公司战略的有效性,主要表现为工作投入、工作满意、组织承诺和组织公民行为等。其中,工作投入是一种心理认同的认知或信念(Kanungo,1982),指个人在认知上忠于职守，专心从事和关心自己当前工作（Paullay et al.，1994）；工作满意是指员工对工作及与工作有关的活动的一种满意的情绪体验与态度（时勘，2001）；组织承诺是员工为了不失去良好报酬与福利，或被组织的价值和目标所吸引，而保持与组织的关系，对组织忠诚和努力工作（O'Reilly & Chatman，1986）；组织公民行为则是一种不能直接和明确地受到组织正式报酬系统承认的个人自主行为。大量的研究表明，员工工作态度能够通过影响离职倾向等增强企业绩效，当员工对组织有很强的认同、信任或忠诚时，会作出有利于组织的行为，节约组织资源，提升组织整体能力，从而提高组织绩效（Organ，1988）。积极的工作态度使员工表现更多的工作倾向，主动接受任务、采取行动、追求目标，进而加快组织的反应速度，同时，帮助同事完成与组织相关的任务或解决有关问题，承担工作外的责任，主动提出改进建议（Organ，1988），从而增强组织的市场反应速度，促进其绩效的提升和发展。具备积极工作态度员工的核心企业和供应链企业由于提高了自身的反应速度，从而使整个供应链系统实现敏捷性。此外，具有积极工作态度的员工，一方面，表现出更大的意愿学习产品技能，愿意竭尽努力去实现组织的目标和价值（Porter，1974），通过更多的直接生产活动、提供材料和服务对组织做出贡献（韩翼、廖建桥，2005），进而能够增加员工学习的强度和学习的时间；另一方面，这种积极的工作态度使员工不受环境条件的影响而保持长期动态的学习，从而提高了企业学习的速度。

综上所述，敏捷供应链、组织学习和员工工作态度能够帮助复杂消费产品企业实现对市场的快速有效反应，从而成为形成复杂消费产品企业核心竞争力的关键情境要素，此外，员工工作态度能够通过影响敏捷供应链和组织学习影响企业的市场表现。因此，在已有研究的基础上，本书采用如下分析框架（见图3-1）对形成复杂消费产品企业核心竞争力的关键情境要素和机制模型进行研究。

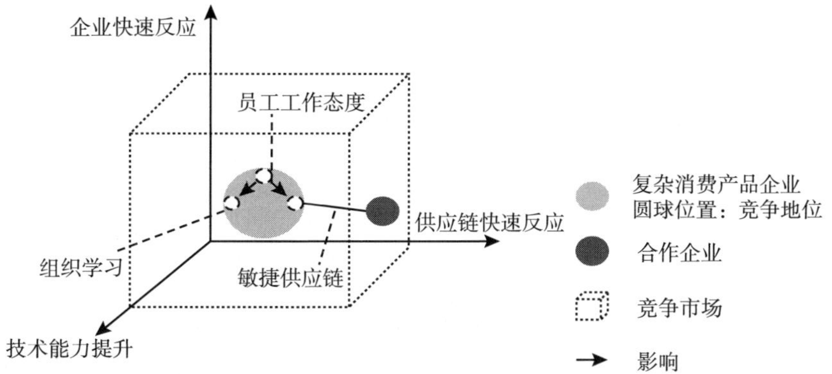

图 3－1　形成复杂消费产品企业核心竞争力的关键情境要素和机制模型研究框架

资料来源：笔者整理。

由于核心竞争力的形成是一个复杂的问题，除了本书所研究的敏捷供应链、组织学习和员工工作态度等情境要素，复杂消费产品企业在取得竞争优势的过程中还需要其他情境要素的支撑，如较低的劳动力成本、文化和广阔的消费者市场等，但上述研究表明敏捷供应链、组织学习和员工工作态度在复杂消费产品企业核心竞争力形成过程中具有重要的作用，同时第 4 章的研究将表明这三个因素极具中国特色，能够反映复杂消费产品企业独特核心竞争力的形成过程，因此，本书选定这三个要素对复杂消费产品企业核心竞争力形成机制模型进行研究。

3.1.2　复杂消费产品企业供应链敏捷性的形成与演化机理研究框架

敏捷供应链是指在竞争、合作、动态的市场环境中，由若干供方、需方等实体构成的快速响应环境变化的动态供需网络（王有远、宗文军，2006）。

在对供应链敏捷性问题的研究中，已有文献主要关注了供应链敏捷性的形成机理，并主要从合作关系视角展开，研究认为，当合作者之间具有较高的信任、承诺、依赖性、适应性、沟通交流和协作、合作关系数量众多或多样时（Dyer & Nobeoka，2000；Lavie，2007），供应链是快速有效的。企业之间的合作关系能够为供应链带来诸如基础设施、研发、市场、销售渠道、财务资源共享以及核心资源互补等有利条件，进而缩短产品从构思到投放市场的时间，并为顾客提供解决方案而不仅是产品销售（Fitzpatrick & Burke，2001）。

企业之间良好的信任使供应链企业作对彼此有益而无害的事情，完成义务，维持双方关系（严建援、徐斌，2005），从而降低交易成本和经营风险，提高供应链运作效率。紧密的合作关系能促进企业间的知识共享，并融会贯通到生产和研发过程中，这对于加强技术或产品的标准化、提升关键资源利用率有直接的正向影响（Dyer & Nobeoka，2000）。承诺不只是为了持续企业间重要关系的一种意图，还是为了维持相互关系而努力的保证（Hwang，1999），在这一要素的驱动下，合作企业之间以相互利益而非自我利益为目标采取行动，减少了供应链运作的不确定性和机会主义（廖成林，2004）。相互依赖是合作各方为了达到预期的共同目标而相互需要，它能够增强合作关系的稳定性，并促使合作各方加强对合作关系的承诺（Dwyer & Schurr，1987）。此外，具备适应性特征的企业关系在合作过程中较少出现冲突或矛盾，有利于维持稳定的合作（Sanjeev et al.，1999），同时，合作企业能够及时对生产系统进行调整及投资以满足彼此特殊的供应，有助于快速适应消费者需求。顺畅的沟通与交流则使供应链企业之间能够及时交换时效性和有意义的信息，有助于战略目标的统一，减少供应链内耗与摩擦。此外，合作企业之间在生产计划、新产品或工艺，价值分析等方面的协作，可以很好地降低生产成本，增强产品的革新能力（Edmondson & Moingeon，1997），进一步地，供应链的合作关系数量越多、多样性程度越高，其价值也越高，原因在于这种关系能够创造多种信息来源并获取多种类型的资源（Lavie，2007；Powell et al.，1996），如合作伙伴之间的竞争关系能够提高供应链企业的讨价还价能力，获得价格红利，从而改善整个供应链的绩效。

从上述理论回顾中可以看出，目前以企业合作关系视角解释供应链的敏捷性已得到学者的普遍认同，因此，在已有研究的基础上，本章采用合作关系视角分析复杂消费产品企业供应链敏捷性的形成机理，此外，企业的供应链在不同的阶段受环境条件等的影响往往需要不同的合作关系以形成敏捷性，因此为了能够深入了解复杂消费产品企业供应链敏捷性的形成机理，还需对其形成机理的演化特征进行研究，分析框架见图3－2。

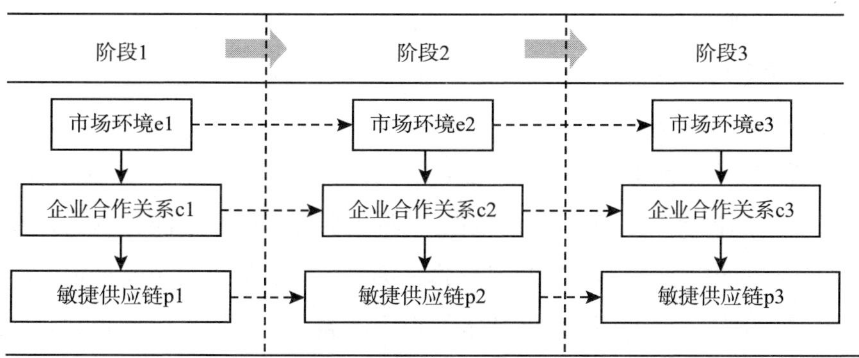

图3－2 复杂消费产品企业供应链敏捷性的形成与演化机理研究框架

资料来源：笔者整理。

3.1.3 复杂消费产品企业组织学习的形成与演化机理研究框架

已有研究主要关注了组织学习的具体形式（Senge，1990；Jensen et al.，2007）以及后发企业采取何种学习模式及其演化过程（林武，1989）两个问题，其中，后发企业的组织学习研究为复杂消费产品企业的快速学习提供了一些可能的形式。例如，一些理论对后发企业快速实现技术追赶的学习过程进行了描述，包括从技术引进基础上的适应性学习（Edberg，1981）、引进产品消化吸收基础上的维护性学习（吴晓波等，2009）、改进创新基础上的发展性学习（Paullay et al.，1994）、二次创新基础上的过度性学习到创造性学习（Senge，1990；Meyers，1990）或是从二次创新阶段的模仿学习、国际合作阶段的集成学习到自主创新阶段的原始学习等（许庆瑞等，2013），这些具体学习形式及其演化过程的研究有助于理解后发企业如何进行快速而有效的学习，如二次创新阶段的模仿学习与传统的正向开发不同，它仅模仿市场上已有产品的长处（路风，2006），而不经历所有的开发过程，因此，能够在短时间内提高企业的技术能力。

此外，现有对组织学习的研究主要从知识视角展开（Rosenberg & Nathan，2002），研究认为，学习的目的是知识的获取与转化，组织的知识来源于组织的内部或外部，涉及不同的内容，例如与生产活动相关的知识（Arrow，1962），与产品、设备使用和投入相关的知识或是隐性与显性知识（Nonaka et al.，1996；Rosenberg & Nathan，2002）。企业特定学习模式的采用与产品或生产过程涉及的具体知识有关，不同的知识需要不同的学习形式来吸收，进而形成了企业特定的学习模式。例如，对于一些隐性技术知识可以通过企业内部的创新和研发来学习（Hobday，1995），显性技术知识则主要通过培训等学习来获取（Nonaka et al.，1996）。因此，本章采用知识视角对复杂消费产品企业组织学习的形成与演化机理进行探索，分析框架见图3－3。

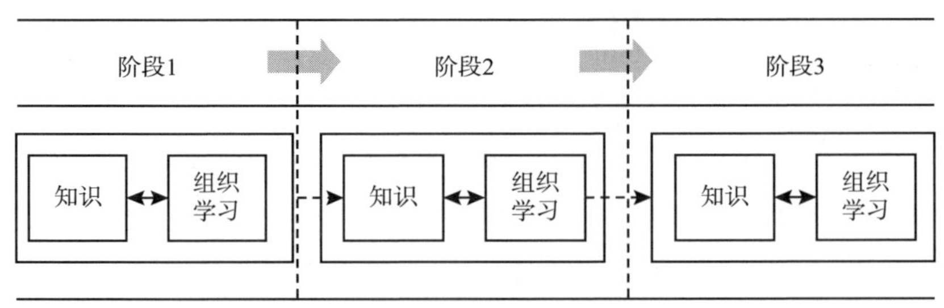

图3－3　复杂消费产品企业组织学习的形成与演化机理研究框架

资料来源：笔者整理。

3.1.4 复杂消费产品企业员工工作态度的形成机理研究框架

已有员工工作态度的研究主要集中于工作投入、工作满意、组织承诺和组织公民行为等。其中，工作投入是一种心理认同的认知或信念（Kanungo，1982），指个人在认知上忠于职守，专心从事和关心自己当前工作（Paullay et al.，1994）。工作满意是指员工对工作及与工作有关的活动的一种满意的情绪体验与态度（Paullay et al.，1994）。组织承诺的内涵有几种不同的观点，一种观点将组织承诺看成单维度概念，即员工与组织之间基于经济交换基础上的契约关系（Porter et al.，1974）。另一种观点将组织承诺看成多维度概念，认为组织承诺包括员工为了得到奖赏（回报）而做出的应付性行为，即员工被组织的价值和目标所吸引，而想保持与组织的关系以及员工因为自己的价值观和目标与组织保持一致表现出的行为等（O'Reilly & Chatman，1986）。组织公民行为则是一种不能直接和明确地受到组织正式报酬系统承认的个人自主行为，它有利于组织的有效性。这四种员工工作态度均在不同程度上受到组织支持、领导支持、领导风格、员工满意、组织公平和信任等的影响（Mathieu，1991；Liden & Maslyn，1998）。

现有对员工工作态度的研究主要从社会交换视角展开，即员工工作态度是对组织的“成本”支出，受员工从组织获得的“报酬”的直接影响（刘效广、王艳平，2008）。

社会交换是一种利益互惠行为，指一方向另一方提供帮助、支持而使得对方有了回报的义务，但不知道对方是否会回报和什么时候回报，因此这种交换关系具有不确定性和风险。交换的隐含条件是双方通过交换各自特有的资源，能够达到互利的目的，其核心是自我利益和互相依赖（Lawler & Thye，1999）。社会交换是目前理解员工—组织关系的重要理论，已有以社会交换理论为基础研究员工工作态度影响机理的文献主要从组织和领导两个视角进行。组织视角认为，组织如果为员工提供理想的工作环境，员工就容易对组织忠诚，也就是说，在交换过程中，组织对员工需要和愿望考虑的程度越高，员工就越感到有义务采用与工作相关的行为回馈组织（Eisenberger et al.，1997）。员工与组织之间进行的交换建立在两种不同的社会交换关系基础之上：一是经济性交换关系，受报酬和福利等经济条件的影响，即员工选择与组织建立稳定的而不是随机的交换关系，是为了减少不确定性；二是社会性交换关系，员工与组织在长期的交换关系中形成了情感联结，这种联结受组织提供的理想和发展机会等社会性条件的影响（刘小平、王重鸣，2001）。领导视角认为，领导—成员关系直接影响员工的积极工作态度。领导为员工描绘愿景、表达较高的期望、尊重以及进行个性化关怀时，能够与员工建立相互尊重、喜欢和信任的关系，从而使员工产生圈内人的感觉，愿意为领导付出额外的努力（Liden & Maslyn，1998），也就是说，员工感知到领导的信任、尊重和关心，会产生回报的义务，这种回报心理会影响员工对组织的态度，并从工作行为上表现出来（Avolio et al.，2004）。从以上的描述中可以发现，员工的基本需求和欲望是其与组织进行交换的隐含动力，组织或领导给员工提供的合适的物质条件，发展机会以及信任，尊重和关心等是员工与组织进行交换的诱因，如果这种诱因满足了需求（组织支持感），员工就会作出回报（贡献）（Eisenberger et al.，1997），表现出积极的工作态度。

社会交换理论有助于探寻员工工作态度的形成机理，此外，由于员工工作态度作为一种社会和文化情境，其形成要素具有一定程度的稳定性，演化特征不如敏捷供应链和组织学习显著，因此，本章采用社会交换理论对复杂消费产品企业员工工作态度的形成机理进行研究，分析框架见图3－4。

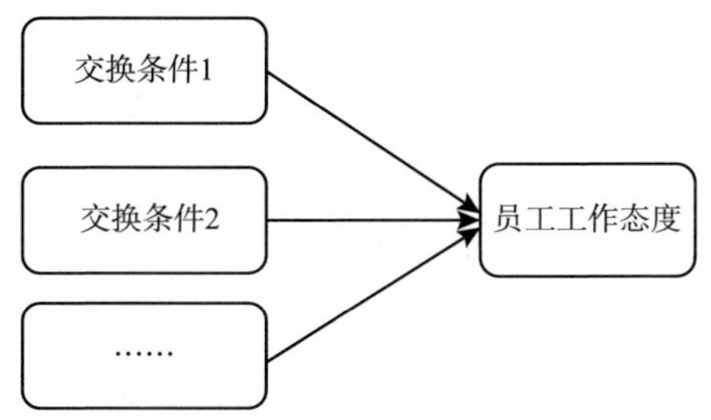

图3－4　复杂消费产品企业员工工作态度的形成机理研究框架

资料来源：笔者整理。

3.2　研究方法

3.2.1　访谈研究

访谈研究涉及人的理念、意义建构和语言表达，是一种通过谈话的方式从被研究者那里收集（或者说“构建”）第一手资料的研究方法，与其他研究手段相比，访谈研究具有自己独特而又十分重要的功能。与观察相比，访谈可以了解受访者的所思所想和情绪反应，他们生活中曾经发生的事情，他们的行为所隐含的意义。与问卷调查相比，访谈具有更大的灵活性以及对意义进行解释的空间，访谈可以直接询问受访者自己对问题的看法，用自己的语言和概念表达自己的观点。与实物分析相比，访谈更具灵活性、及时性和意义解释功能，访谈者可以在与受访者交谈的时候询问他们的看法，了解他们对自己创造的实物的意义解释，探寻这些实物与他们生活中其他事件之间的关系。与其他调查方法相比，访谈法可以围绕一个明确的研究主题，在有限的时间内，获取尽可能多的信息，相对地开放，同时可以在彻底深入地理解获得的材料的基础上产生丰富的描述性资料（Hobday，1998），适合在被研究现象本身难以从其背景中抽象出来的场合（袁庆宏等，2009），此外，与受访者进行交流可以获取一些额外的研究资料。

基于本书第一部分的文献梳理，以往文献对形成复杂消费产品企业核心竞争力的关键情境要素和机制模型的问题还不甚清楚。要明确其情境因素和机制模型，首先必须从相关企业获取第一手情景性资料，然后通过这些情景性资料离析出结果（Hansen & Rush，1998）。因此，本书第四部分运用半结构化访谈，选取属于不同范畴的9家代表性复杂消费产品企业进行访谈，然后通过扎根理论离析出形成复杂消费产品企业核心竞争力的关键情境要素和机制模型。

（1）界定访谈样本范围与访谈对象。本书主要考虑以下因素选择受访对象：①复杂消费产品企业，产品具有大批量、复杂技术和消费产品等特征；②具有竞争优势；③在有限的条件内，考虑复杂消费产品企业范围的广泛性，尽可能在访谈对象中包含手机、汽车和PC等涵盖不同类别产品的企业。基于以上选择标准，本书首先依据技术复杂程度对复杂消费产品进行划分（见图3－5），然后选取属于不同范畴的9家代表性复杂消费产品企业，并对其中的36名员工（见表3－1）进行访谈，包括9名高层管理人员、9名中层管理人员、12名基层管理人员和6名普通员工，这样选择的好处是能够从不同层面获取形成

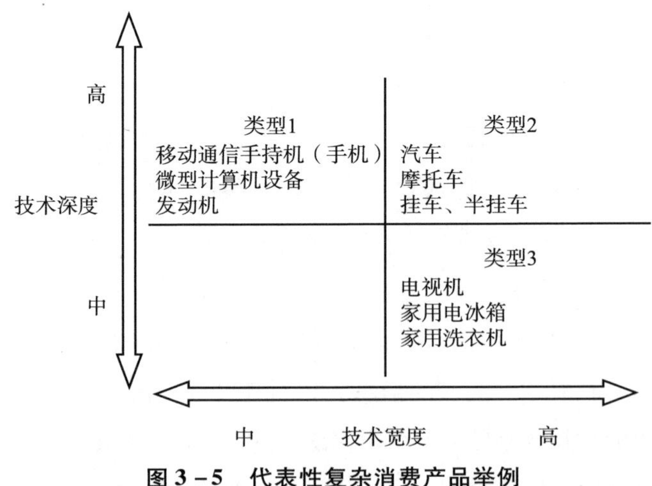

图3－5 代表性复杂消费产品举例

资料来源：笔者整理。

表3-1 受访者情况列

代表性复杂消费产品	技术深度（高） 技术宽度（高） 汽车			技术深度（高） 技术宽度（中） 手机			技术深度（中） 技术宽度（中） 电视		
受访企业来源	YQ	HC	JL	ZT	KP	TH	HR	HX	CH
受访者总量	5	3	3	3	5	5	5	3	3
第一轮受访者数量	3	3	3	3	5	3	3	3	3
第二轮受访者数量	2	1	2	2	2	2	2	1	1

注：第一、二轮受访者由于具有重复性，因此，其总数可能超过受访总人数。
资料来源：笔者整理。

企业核心竞争力的关键情境要素和机制的资料，由于要对访谈企业的数据进行保密，书中的企业名称用代码表示。

（2）访谈设计与过程。在设计访谈提纲之前，我们首先对访谈的重点内容进行初步的梳理和确定，访谈需要解决“形成复杂消费产品企业核心竞争力的关键情境要素和机制”这个核心问题。围绕这个方向，我们组织相关研究人员（共3人）设计访谈提纲的初稿，让访谈设计者列出认为比较重要的问题，然后由另外一名研究人员对问题进行汇总，并发回给访谈设计者修改，访谈提纲的设计直到3名访谈设计者的问题趋向一致为止，这样的好处是能够避免个人的片面理解，提高访谈的有效性。此外，访谈提纲并不是一蹴而就的，而是在访谈过程中随时发现问题并进行修正。访谈提纲主要包括两个部分，首先，我们向访谈者解释构念内涵，同时向受访者提出开放式问题，请他们描述企业背景、行业特点、竞争背景，以及企业发展的过程及关键事件，例如：

“您目前主要从事何种业务运作？”“公司何时创立？”“从事的主要业务？”“您所在的行业有何特点？”“企业面对的竞争情况如何”“您所在的企业在发展过程中经历过哪些关键事件？”

然后，我们聚焦于形成核心竞争力的关键情境要素本身，请他们描述企业核心竞争力建立与发展的过程。为了获得全面的信息，当被访者的描述简短或叙述过程中产生一些新奇线索时，我们会要求被访者提供更多细节的信息。围绕这一主题设计了以下几个问题：

“您认为公司的总体运营情况如何?”“存在核心竞争力吗?”“如果存在核心竞争力，您认为与其他企业相比其主要来源是什么？有哪些特殊的企业特质、企业间特质、员工特质或条件带来了这些优势?”“这些来源之间互相影响吗?”“公司是否经常得到供应链企业的帮助？和供应商和客户等的关系如何？它们帮助公司实现了什么?”“您觉得公司的学习模式与其他公司有什么不同，对公司有什么帮助?”“中国员工在工作中是否表现出一些独特的工作态度，需要公司满足什么条件？这些工作态度对公司有什么帮助?”

在访谈过程中，问题主要集中于事实、事件和直接解释，而不是道听途说或含糊其词的评论，我们使用“法庭询问式”方式集中于被访者的真实描述或观察其他人的行为（如会晤、会议、参与者）以避免被访者的推测，同时将回溯性数据与档案数据相匹配，确保受访者的解释有实质的行为支撑，这种实时数据减少了回溯性数据的偏差，每次搜集到的数据都被放入案例研究数据库中，以便能够追踪到原始证据，提高案例研究的信度。此外，我们向企业和受访者承诺匿名，鼓励他们坦承。最后，我们使用广泛的档案和观察数据进行补充，这些步骤有利于减小受访者偏差及其他偏差。

访谈累计40余次，每次访谈60～130分钟时间不等，第一轮访谈地点主要选取企业会议室和生产车间，采用面对面访谈的形式，第二轮主要采用电话和邮件访谈，以对第一轮访谈中不明确的问题或涌现的新问题进行补充。此外，对访谈中的关键概念我们使用正式的定义向被访谈者解释，我们对所有的访谈都进行了录音，并在24小时内记录和转录出来。

3.2.2 案例研究

案例研究是社会科学研究中的一种方法。适用于以下三种情境：

一是需要回答“怎么样”“为什么”的问题时，二是研究者几乎无法控制研究对象时，三是关注的中心是当前现实生活中的实际问题时（Gann & Salter，2000）。与历史法和实验法类似，案例研究可以按时间顺序追溯相互关联的各种事件，并找出它们之间的联系，而不仅仅是研究它们出现的频率和范围。与历史分析法相比，案例研究多了两种资料来源：直接观察事件过程，对事件的参与者进行访谈。与实验法相比，案例研究的对象可以不受控制。

案例法适用于对构念的新内涵和关系、新情境下构念的表现、未曾研究的新构念以及现象背后的原因进行探索性研究。实证研究虽然也具有探索性，但它更加注重检验性（Gann & Salter，2000）。本书第 5、第 6、第 7 章的研究目的是对形成复杂消费产品企业核心竞争力的关键情境要素的形成与演化机理进行研究，是对构念的新关系进行探索，因此应采用案例研究方法。此外，根据研究数量的不同，案例研究可以分为单案例研究和多案例研究两种类别。

单案例研究设计包括五种适用范围。第一种用法是对一个广为接受的理论进行批驳或检验；第二种用法是对某一阶段案例或独一无二的案例进行分析；第三种用途与第二种恰恰相反，即用于研究有代表性的和典型的案例，从这一案例中得到的结论有助于加深对于同类事件和事物的理解；第四种用途是研究启示性案例，当研究者有机会去观察和分析先前无法进行的科学现象时，适宜采用单案例研究设计；第五种适用的范围是研究纵向案例，即对两个或多个不同时间点上的同一案例进行研究，这样的研究将能揭示所要研究的案例是如何随着时间的变化而发生变化的。基于本书第 5、第 6 章的文献梳理，目前学术界尚未对复杂消费产品企业供应链敏捷性和复杂消费产品企业快速学习的形成机理进行研究，且在不同阶段供应链敏捷性与快速学习的形成机理具有不同的表现。因此，作者在第 5、第 6 章分别以典型的复杂消费产品企业 YL 通信的供应链和典型的复杂消费产品企业 HC 汽车为研究对象。通过扎根理论探索复杂消费产品企业供应链敏捷性和复杂消费产品企业快速学习的形成与演化机理，从这两个典型案例得到的结论有助于加深对同类复杂消费产品企业供应链敏捷性和复杂消费产品企业快速学习的理解。

多案例研究设计与单案例研究相比，其好处是有利于收集可以对比的数据，得到准确和相对普遍化的理论（Prencipe，2000）。基于本书第 7 章的文献梳理，现有文献对复杂消费产品企业员工艰苦奋斗态度的形成机理尚未研究，且作为社会与文化情境，员工艰苦奋斗态度具有相对稳定的形成要素，演化特征不如敏捷供应链和快速学习显著，因此，作者选取三家复杂消费产品企业，包括 YL 通信、HC 汽车和 HE 家电。这些企业的产品包含手机、汽车和家电，属于复杂消费产品的不同范畴，且涵盖所有类别。在对每个案例进行扎根数据分析的基础上，通过逐项复制逻辑，研究复杂消费产品企业员工艰苦奋斗态度的形成机理。

（1）复杂消费产品企业供应链敏捷性的形成与演化机理研究方法。研究建立在以下几个数据来源的基础上：①大量的档案资料；②观察资料；③核心企业相关人员访谈；④相关供应链企业人员访谈。多源数据的三角验证对同一现象进行了多重证明，提供更精确的信息及更稳健的理论结果，解决了构建效度的问题。鉴于这样的数据与本章的研究问题，正像本章 3. 2. 2 节所描述的，我们采用案例研究方法。此外，复杂消费产品企业供应链敏捷性是我们现在研究所忽略的，随着市场的开放和全球经济的一体化，低成本的劳动力和政府在企业竞争优势获取方面的作用在逐渐减少，面对国外企业领先的技术能力，未被占领的中低端市场成为中国复杂消费产品企业取得竞争优势的重要机会，而只有对市场机会进行快速的识别与把握，即快速有效的反应才能在国外企业未对中、低端市场做出反应的情况下，占领市场。快速反应的目标不仅取决于企业自身，也依赖于企业外部配套供应链系统的反应速度。敏捷供应链能够迅速调动全球范围内的合作资源对包含技术、材料开发、市场和客户期望等方面的变化进行追踪，并将相互关联的研发与工厂组织起来，从而帮助复杂消费产品企业快速满足以上变化带来的市场机会（Hwang，1999）。此外，敏捷供应链能够实现低成本、高质量、高速度、高柔性和产品革新，从而给复杂消费产品企业带来较高的收入、利润、市场份额、顾客忠诚度和更好的发展前景（Yusuf et al.，2004），因此敏捷供应链对于复杂消费产品企业核心竞争力的形成具有重要的作用，即使不具有普遍性，对其的探索也具有重要的理论与现实价值，因此本章采用探索性案例对复杂消费产品企业供应链敏捷性的形成机理进行研究。此外，单案例研究在纵向设计和需要有丰富的案例数据作为支撑的情况下尤其有用，敏捷供应链的形成机理在复杂消费产品企业发展的不同阶段有不同的表现，本章还需对复杂消费产品企业供应链敏捷性形成机理的演化特征进行研究，因此采用探索性单案例研究。

本章的主要数据来源是半结构化访谈，通过与行业专家和员工进行的13次试验性访谈，与核心企业和供应链相关企业内、外部受访者进行的60余次访谈，我们采集了质性数据。每次访谈80～120分钟时间不等，对访谈中的关键概念我们使用正式的定义向受访谈者解释。

本章以一家复杂消费产品企业的供应链为研究对象，与大样本假设检验研究中的数据获取采用随机抽样和分层抽样不同，案例研究的目的是发展理论，因此，理论抽样是恰当的（毛基业、李晓燕，2011）。单案例的理论抽样是能带来不同寻常启示的极端典范或研究机会（Gann & Salter，2000），基于此，本章选取YL通信所在的供应链为研究对象。首先，其供应链的主要产品移动终端（手机）是复杂消费产品的典型代表。其次，从试验性访谈得到的数据以及相关档案资料可知，YL通信的供应链呈现出研发和生产迅速等敏捷性特征。因此，本书选取YL通信所在的供应链为典型案例进行研究，以此加深对复杂消费产品企业供应链敏捷性的理解。

初访的对象是产业专家和核心企业员工，主要用来识别与行业发展相关的事件并修改访谈提纲（案例研究草案）。

完成试验性数据采集后，我们首先对核心企业进行了正式的访谈，受访者的选择基于三个标准：①在受访企业中任职年限长，能为企业发展提供一种时序的视角；②至少直接或间接参与了一些企业的重大事件，能够提供深入的一手资料；③职能层级多样化，可使我们获得丰富的视角。然后，通过对相关供应链企业的访谈来验证并补充核心企业受访谈者提供的信息。受访者来源及层级的多样性减少了访谈的主观误差，并有助于获得丰富和细致的模型（Dougherty，1990）。我们对所有的访谈都进行了录音，并在 24 小时内记录和转录出来。案例研究草案中的访谈大纲包括两个部分，首先，我们向受访者提出开放式问题，用来识别供应链的发展历程、对环境变化的适应性反应和辨识关键事件。例如，“您目前主要从事何种业务运作？公司何时创立？从事的主要业务？公司的供应链系统经历了怎样的发展过程和关键事件？”其次，我们聚焦于不同阶段供应链敏捷性的形成机理，并请他们对其进行详细描述。例如，“核心企业与供应链企业之间的关系是否影响供应链运作？怎样的关系帮助供应链快速反应？在供应链的不同发展阶段，这些关系是否有所不同？”为了获得更全面的信息，当被访者的描述简短或叙述过程中产生一些新奇线索时，我们就会要求受访者提供更多细节的信息。在这个阶段，访谈问题主要集中于事实、事件和直接解释，而不是道听途说或含糊其词的评论，我们使用“法庭询问式”方式集中于受访者的真实描述或观察其他人的行为（如会晤、会议、参与者）以免受访者的推测。并将回溯性数据与档案数据相匹配，确保受访者的解释有实质的行为支撑，这种实时数据减少了回溯性数据的偏差，此外，每次搜集到的数据都被放到案例研究数据库中，以便能够追踪到原始证据，提高案例研究的信度，表 3－2 给出了访谈的基本信息。

表3－2　　访谈的焦点内容与受访者一览

<table>
<tr><th rowspan="3">初访</th><th rowspan="3">访谈数量</th><th colspan="4">正式访谈</th></tr>
<tr><th rowspan="2">核心企业内部被访谈者</th><th rowspan="2">访谈数量</th><th colspan="2">访谈内容</th></tr>
<tr><th>形成要素</th><th>典型事件、发展历程</th></tr>
<tr><td>产业专家</td><td>8</td><td>常务副总裁</td><td>9</td><td>√</td><td>√</td></tr>
<tr><td rowspan="8">核心企业员工</td><td rowspan="8">5</td><td>研发中心副总裁</td><td>7</td><td>√</td><td>√</td></tr>
<tr><td>总裁办副总裁</td><td>7</td><td>√</td><td>√</td></tr>
<tr><td>助理总裁</td><td>9</td><td>√</td><td></td></tr>
<tr><td>销售运营部总监</td><td>8</td><td>√</td><td></td></tr>
<tr><td>员工</td><td>7</td><td>√</td><td>√</td></tr>
<tr><td>核心企业外部被访谈者</td><td></td><td></td><td></td></tr>
<tr><td>前公司雇员</td><td>2</td><td>√</td><td>√</td></tr>
<tr><td>供应链企业员工</td><td>12</td><td>√</td><td></td></tr>
</table>

资料来源：笔者整理。

（2）复杂消费产品企业组织学习的形成与演化机理研究方法。与大样本假设检验研究中数据的获取采用随机抽样和分层抽样不同，案例研究的目的是发展理论，所以理论抽样才是恰当的（毛基业、李晓燕，2011），单案例的理论抽样是能带来不同寻常的启示的极端典范或不同寻常的研究机会（Gann & Salter，2000），基于此，本书选取HC汽车为研究对象。首先，由于汽车具有大批量、市场变动快、复杂技术和消费产品等复杂消费产品的典型特征。因此，HC汽车是典型的复杂消费产品企业的代表。其次，作为中国自主创新企业，HC汽车从1989年开始引进丰田技术，经过一系列的技术学习，到1999年就实现了合作开发与自主创新，其组织学习的过程与众多中国自主创新企业的模式一致，是企业组织学习的典型代表。因此，本书选取HC汽车作为“典型”案例进行研究，以其发展过程作为分析单元，从HC汽车案例中得到的结论能够加深对同类复杂消费产品企业如何进行组织学习的理解。

我们使用了几类数据源：①大量的档案资料。包括新闻稿，选取方式按年进行，共200篇；公司高管在各时期做报告的声频和视频资料，共3个；内部报告，共50页；年度报告，共112页；学术及媒体文章，用企业名称做关键词，选取方式按年进行，搜索并筛选出150篇文章。②观察资料，包括对公司总部的拜访。③企业内外部人员访谈。④非正式的跟进性的电子邮件。对不同来源采集到的数据进行的三角验证提高了研究结论的准确性，解决了构建效度的问题。鉴于这样的数据和本章的研究问题，正像本章3.2.2节所描述的，我们采用案例研究方法。此外，虽然对组织学习及其模式的研究很多，但对复杂消费产品企业独特的组织学习所进行的研究很少。随着市场的开放和全球经济的一体化，低成本的劳动力和政府在企业竞争优势获取方面的作用在逐渐减少，面对国外企业领先的技术能力，未被占领的中、低端市场成为中国复杂消费产品企业取得竞争优势的重要机会，而只有对市场机会进行快速识别与把握，即快速有效的反应才能在国外企业未对中、低端市场做出反应的情况下，占领市场。在这一过程中，技术能力的提高是实现有效反应的基础，因为技术能力虽然不是企业竞争优势的必要来源，但技术能力尤其是与产品开发相关的技术能力，往往内化为企业的战略决策能力来影响企业的竞争绩效。而没有产品开发能力的企业将导致战略决策能力不足，容易受到外部力量的支配（路风，2006），不能自主地进行产品开发与设计，对市场变化作出准确的判断，因此，对于与领先者具有较大技术差距的中国复杂消费产品企业来说，一定的技术能力积累是其实现快速有效反应的重要基础。组织学习是一系列灵活开发方式的集合，它帮助复杂消费产品企业在短时间内提升技术能力，缩短与发达国家的技术差距，从而使其能够依靠对本土市场的认知快速提供贴近消费者需求的产品，在竞争者取得市场黏性之前占领市场，因此组织学习对于复杂消费产品企业核心竞争力的形成具有重要的作用，即使这一构念可能不具备普遍性，但鉴于它的重要作用，对其进行探索也具有重要的理论与现实价值。因此，本章采用探索性案例对复杂消费产品企业组织学习的形成机理进行研究，此外，单案例研究在纵向设计和需要有丰富的案例数据作为支撑的情况下尤其有用，组织学习的形成机理在复杂消费产品企业发展的不同阶段有不同的表现，本章需要对组织学习形成机理的演化特征进行研究，因此采用探索性单案例研究。

研究所用的主要数据来源是60~120分钟的半结构化访谈。大约进行了34次访谈，包含与行业专家和企业员工的10次试验性访谈，以及20余次正式访谈。HC汽车访谈的次数和被访者的来源见表3-3。

表3-3　访谈的焦点与受访者一览

受访者		访谈数量	访谈内容	
			形成要素	典型事件、发展历程
内部被访谈者	汽车研究院技术总监	9	√	√
	处长	7	√	√
	员工	7	√	√
外部被访谈者	产业专家	3	√	√
	前公司雇员	7	√	
	竞争对手	1		

资料来源：笔者整理。

在试验性数据采集后，我们对内部受访者进行正式访谈，并通过三种外部受访者来补充这些信息。受访人员的多样性减少了访谈的主观误差，能够获得更丰富和细致的模型。我们对所有的访谈都进行了录音，并在24小时内记录和转录出来。案例研究草案中的访谈大纲包括两个部分：首先，我们询问企业背景、行业特点以及企业发展的过程。例如，“您所在的行业有何特点？您目前主要从事何种业务运作？公司何时创立？从事的主要业务？经历了哪些发展历程，分为几个阶段？”其次，我们向受访者提出开放式问题，请他们描述公司不同阶段每个具体学习形式的主要事件。例如，“您所在的企业在发展过程中经历过哪些涉及学习的关键事件？”最后，我们提出了封闭式问题，聚焦于学习过程中的知识和学习模式本身，并请他们对其进行详细描述。例如，“产品知识可以分成怎样的类别？在企业发展的各个阶段，不同的产品知识是否需要不同的学习方式？在企业发展过程中，学习方式如何变化？有什么样的发展变化？”为了获得更加全面的信息，当受访者的描述简短或叙述过程中产生一些新奇线索时，我们就会要求受访者提供更多细节的信息。

在这个阶段，我们采用以下方式解决受访者的潜在偏差：第一，访谈问题主要集中于事实、事件和直接解释，而不是道听途说或含糊其词的评论（袁庆宏等，2009）。第二，我们使用“法庭询问式”的调查步骤，尽量避免受访者的主观偏见，并将回溯性数据与档案数据相匹配，确保受访者的解释有实质的行为支撑，这种实时数据减少了回溯性数据的偏差。第三，每次搜集到的数据都被放入案例研究数据库中，以便能够追踪到原始证据，提高案例研究的信度。第四，我们向企业和受访者承诺匿名，鼓励他们坦承。

（3）复杂消费产品企业员工工作态度的形成机理研究方法。我们使用了几类数据：①大量的档案资料，包括新闻稿，公司高管在各时期做报告的声频和视频资料、内部报告、年度报告、学术及媒体文章。②观察资料，包括对公司总部的拜访以及对生产车间的参观。③企业相关人员访谈。多源数据的三角验证对同一现象进行了多重证明，提供更精确的信息及更稳健的理论结果，解决了构建效度的问题。鉴于这样的数据和本章的研究问题，正像本章 3.2.2 节所描述的，我们采用案例研究方法。此外，复杂消费产品企业员工工作态度是我们现在研究所忽略的，对于开放市场条件下，成本优势逐渐减少同时又缺乏技术优势的中国复杂消费产品企业来说，具备积极工作态度的员工能够保证企业研发、管理和生产的一致性。同时员工付出的努力能够弥补技术能力的不足，缩短研发和制造时间，保证产品质量，从而增强企业运营的效率和效果，因此工作态度对于中国复杂消费产品企业核心竞争力的形成具有重要的作用，即使这一构念不具备普遍性，但鉴于它的重要性，对其进行探索也具有重要的理论与现实价值，因此本章采用探索性案例对复杂消费产品企业员工工作态度的形成机理进行研究。同时，多案例研究有利于收集可以对比的数据，从而得到准确和普遍化的理论，此外，艰苦奋斗态度作为一种文化情境，具有一定程度的稳定性，演化特征不很显著，需对其形成机理进行重点研究，因此，本章采用探索性多案例研究。

半结构化访谈是本章研究的一项重要的数据来源。通过与行业专家和企业员工的 6 次试验性访谈，以及 80 余次正式访谈（见表 3 – 4），我们采集了质性与定量数据。

访谈 60 ~ 130 分钟时间不等。第一轮访谈的地点主要选取企业会议室，采用面对面访谈的形式。第二轮访谈主要采用电话和邮件的访谈形式，以对第一轮访谈中不明确的问题或涌现的问题进行补充。本书初访的对象是行业专家和员工，用来识别与行业发展相关的事件并修改访谈提纲（案例研究草案）。完成试验性数据采集后，我们面谈了处于三家公司不同职位层次的管理者与员工，这样做的目的是能够获得员工较全面的目标和价值观，同时，被访人员的多样性减少了访谈的主观误差，获得更丰富和更细致的模型。我们对所有的访谈都进行了录音，并在 24 小时内记录和转录出来。

在设计访谈提纲之前，首先对访谈重点内容进行了梳理和初步确定，访谈需要解决员工工作态度的“形成机理”这个核心问题。围绕这个方向，我们组织相关人员（共 3 人）设计访谈提纲的初稿，首先让访谈设计者列出认为比较重要的问题，然后由另外一名研究人员对问题进行汇总，并发回给访谈设计者修改，访谈提纲的设计直到 3 名访谈设计者的问题趋向一致为止，这样的好处是能够避免个人的片面理解，提高访谈的有效性。此外，访谈提纲并不是一蹴而就的，而是在访谈过程中随时发现问题并进行修正。

表 3-4　　案例企业一览

企业	产品	员工行为的典型事件	报告者	试验性访谈数量	正式访谈数量	正式访谈内容：行业特点	正式访谈内容：企业背景等	正式访谈内容：员工积极工作态度	正式访谈内容：形成要素	附加资料
YL通信	手机	“在宾馆封闭式研发。”	常务副总裁 研发中心副总裁 销售运营部总监 总裁办副总裁 副总裁 助理总裁 员工 行业专家	1 1	9 5 5 7 6 4 5 12 5	√ √	√ √ √ √ √ √	√ √ √ √ √ √ √	√ √ √ √ √ √ √	档案资料：新闻稿，共39篇；学术及媒体文章，用企业名称加努力、奋斗、承诺、拼搏、公民行为、员工和领导做题名搜索筛选出27篇文章；公司年报152页；公司高管在各时期做报告的声频和视频资料，共7个。观察资料：拜访公司总部
HC汽车	汽车	“背着成箱方便面一起去意大利搞研发。”	汽车研究院技术总监 处长 员工 行业专家	1 1	9 7 7 5	√ √	√ √	√ √ √	√ √ √	档案资料：新闻稿，选取方式按年进行，共23篇；公司高管在各时期做报告的声频和视频资料，共3个；内部报告，共50页；年度报告，共112页；学术及媒体文章，用企业名称加努力、奋斗、承诺、拼搏、公民行为、员工和领导做题名搜索筛选出29篇文章。观察资料：包括对公司总部的拜访以及生产车间的参观
HE家电	家电	“参加洽谈会，先进行调研，然后连夜召开座谈会，连续奔波了6个昼夜，累的一到车上便睡着了。”	前公司雇员 基层管理者 员工 行业专家	1 1	8 8 9 5	 √ √	√ √	√ √ √	√ √ √	档案资料：中国期刊全文数据库1984年1月1日～2013年12月31日中以企业名称加努力、奋斗、承诺、拼搏、公民行为、员工和领导做题名搜索筛选出38篇文章。同时查找企业创始人在这一时期的相关文章28篇，企业网站有关大事件的新闻报道19条。资料共计85个

资料来源：笔者整理。

案例研究草案的访谈大纲包括两个过程：首先，向受访者解释构念的具体内涵，然后询问行业特点、企业背景、发展历程和辨识企业的关键事件。例如，“您所在的行业有何特点？您目前主要从事何种业务运作？公司何时创立？经历了哪些发展历程，分为几个阶段？您所在的企业在发展过程中经历过哪些关键事件？”其次，进行有重点的访谈，请受访者描述员工工作态度的具体表现及其主要事件，并聚焦于员工工作态度的影响过程，请他们对其进行详细的描述。为了获得更全面的信息，当受访者的描述简短或叙述过程中产生一些新奇线索时，我们就会要求其提供更多细节的信息，并鼓励受访者采取详细的事件对其进行说明。这一部分我们设计了一系列问题，这些问题在提问过程中分别针对“您认为公司员工表现的积极吗？中国员工在工作中是否表现出艰苦奋斗的态度？这些态度对公司有什么帮助？影响这些态度的因素是什么？”在访谈过程中，问题主要集中于事实、事件和直接解释，而不是道听途说或含糊其词的评论。我们使用“法庭询问式”方式集中于被访者的真实描述或观察其他人的行为（如会晤、会议、参与者），以避免被访者的推测。并将回溯性数据与档案数据相匹配，确保受访者的解释有实质的行为支撑，这种实时数据减少了回溯性数据的偏差。每次搜集到的数据都被放入案例研究数据库中，以便能够追踪到原始证据，提高案例研究的信度，此外，我们向企业和受访者承诺匿名，鼓励他们坦承。

此外，与大样本假设检验研究中数据的获取采用随机抽样和分层抽样不同，案例研究的目的是发展理论，所以理论抽样才是恰当的。在具体抽样过程中，首先从复杂消费产品企业选取三类代表性企业，包括手机、汽车和家电。这些企业的产品属于复杂消费产品的不同范畴（见图3－5），且涵盖所有类别，依据逐项复制逻辑，这样能够更好地达到多重检验的效果。其次，选择手机企业中的YL通信，汽车企业中的HC汽车以及家电企业中的HE家电为研究对象。就企业本身而言，这三家企业均属于中国企业，拥有类似的资源、技术水平和人脉，能够进行多案例复制研究。最后，就具体研究而言，这些企业的员工表现出努力拼搏的特质，也符合本书的研究内容，样本企业描述见表3-4。

3.3 本章小结

本章研究的目的在于对全书的研究设计进行说明，包括研究框架的构建和研究方法的描述。在企业核心竞争力的基本理论指导下，结合依据情境理论对企业核心竞争力来源的研究，本书构建了形成复杂消费产品企业核心竞争力的关键情境要素和机制模型的研究框架，即通过敏捷供应链、组织学习和员工工作态度揭示复杂消费产品企业核心竞争力的形成机理，同时基于文献分析对三个情境要素形成与演化机理的研究框架进行了说明。之后本章对研究所采用访谈和案例方法的适用性进行了详细描述，并从界定访谈样本范围和访谈对象以及访谈设计和过程两个方面对本书涉及的访谈研究进行概述，从数据来源和数据收集过程等方面对涉及的案例研究进行归纳总结。

第4章

形成复杂消费产品企业核心竞争力的关键情境要素及机制模型研究

本章的研究目的是对“复杂消费产品企业核心竞争力的关键形成要素及机制模型”进行研究，即析出在众多形成企业核心竞争力的情境要素中，哪些要素对复杂消费产品企业绩效的影响效果更为明显，能够形成企业的核心竞争力，它们之间又有怎样的关系？

为了完成这一研究工作，本章的研究思路是：运用访谈法，以涵盖不同产品类型的9家复杂消费产企业为访谈对象，使用扎根理论对访谈数据进行分析，包括开放式编码、主轴编码和选择式编码三个步骤。其中，通过开放性编码，得到372个概念和20个范畴。在此基础上，运用Rost. CM内容分析软件并结合“因果条件—现象—脉络—中介条件—行动/互动策略—结果”这一典范模型，将20个副范畴归纳到3个主范畴中。最后，通过选择式编码，对几个主范畴间的基本逻辑关系进行进一步分析，析出形成复杂消费产品企业核心竞争力的关键情境要素，以及情境要素之间的相互作用对企业表现的影响。

4.1 研究方案

4.1.1 访谈资料分析

鉴于形成复杂消费产品企业核心竞争力的关键情境要素及其机制模型研究的缺乏。本书通过从相关企业获取第一手情景性资料离析出结果的方式对其进行研究。与其他调查方法相比，访谈法可以围绕一个明确的研究主题，在有限的时间内，获取尽可能多的信息，相对地开放，适合在被研究现象本身难以从其背景中抽象出来的场合（袁庆宏等，2009），此外，与受访者进行交流可以获取一些额外的研究资料。

与本书使用的访谈法相呼应，我们使用扎根理论进行访谈数据的分析，逐步发展构念、廓清构念间的关系。包括开放式编码、主轴编码和选择式编码三个步骤。在这个过程中的数据收集与分析不是一蹴而就的，而是不断地把收集来的数据进行整理、分析、建立初步的理论，这些理论可指导下一步资料的收集及分析工作，如在什么时间、什么地点、向什么人、以什么方式收集什么样的资料、选择什么样的资料、如何设码、建立什么样的编码系统和归档系统等，我们对访谈的理论建构在满足内外部条件后停止，内部条件是理论已经达到了概念上的饱和，理论中各个部分之间已经建立了相关、合理的联系。外部条件主要有：我们所拥有的时间、财力、研究兴趣和知识范围等（陈向明，2000）。在这个过程中，我们对数据进行三角验证，要求所有主题必须经过不同数据收集方法和不同受访人的印证，这样不仅能够提供对所研究主题的更丰富、更可靠的解释，而且分析得到的结论也是三角验证的。具体数据分析过程如下。

（1）开放式编码。开放式编码是将资料进行概念化和范畴化，目的在于指认现象、界定概念、发现范畴、进行聚敛（Michael,

1990），本书由 3 名编码人员独立编码。在数据分析过程中，首先对数据来源进行编码，以来源名称命名，如来自 YQ 的资料编码为 YQ；其次将资料分解为具有特定内涵的句子或段落并在后面标注标签（X）和提炼的简练概念；最后将概念进行归类，提炼出范畴，在这个过程中，参考巴顿（Patton，1987）对评估中四种类型证据三角形的研究，只有被 3 个以上访谈源提及的概念才被归纳为共同范畴。此外，3 名编码人员的编码结果一致的条目加以保留，不一致的需通过讨论确定保留或删除。

通过开放性编码，最终得到 372 个概念和 20 个范畴。包括，实现理想、发展机会、良好报酬、福利、努力奋斗、战胜自我、艰苦奋斗、牺牲个人利益、反求工程、分拆仿制、合作学习、技术吸收快、整合资源、企业协作、适应、合作快速、承诺、交易规制、利他行为和快速满足需求。开放式编码示例见表 4－1，其中的主题词是访谈句子或段落中较为重要的词语，对它的标注有利于接下来的主轴编码。

表 4－1　　开放式编码举例

访谈资料	主题词	概念化	范畴化
自主创新早期，我们在国外的时候，当时有些技术人员，孩子刚出生没喂奶就去了，还通不上电话，当时确实是觉得做了一个中国人自己的汽车，第一台中国人自己的轿车，当时受这个愿景感召，大家都是年轻人，而且都想自己创新。”HC（107） ……	自主｜愿景｜感召 ……	愿景激励 ……	实现理想 HC（107），HR（1015），KP（799） ……
“不管是谁，都希望得到别人的承认，特别希望得到别人对他价值的肯定。尤其是研发和管理人员，每个人的潜在能量有多大都是无法估量的。”HR（1015） ……	承认｜价值｜肯定 ……	发挥价值 ……	

资料来源：笔者整理。

（2）主轴编码。主轴编码是将开放性编码中得到的各项范畴联结在一起的过程，其目的是发展主范畴和副范畴（Strauss & Corbin，

1994）。本书借助 Rost. CM 内容分析软件快速识别高频主题词之间的内在联系，同时结合“因果条件—现象—脉络—中介条件—行动/互动策略—结果”这一典范模型，获取相对应范畴的最终关系数据，这一过程中，首先借助 Rost. CM 软件对无意义词进行过滤，然后利用社会网络和语义网络分析功能对访谈资料进行整体分析，生成由高频主题词构成的图谱，每个节点代表高频主题词，连线表示主题词之间有共现关系（见图 4 - 1）。这些共线关系是进行模式分析的重要基础，依据这些关系能够查找对应范畴之间的联系。例如，努力奋斗相对应的主题词“熬夜”，与技术快速吸收相对应的主题词“吸收”具有共线关系时，可以推测努力奋斗与技术快速吸收具有某种范畴联系。在此基础上，利用编码范式，进一步解析范畴之间的联系。通过主轴编码，20 个副范畴被归纳到分别属于不同情境层面的 3 个主范畴中，依据范式的主轴编码过程见表 4 - 2。

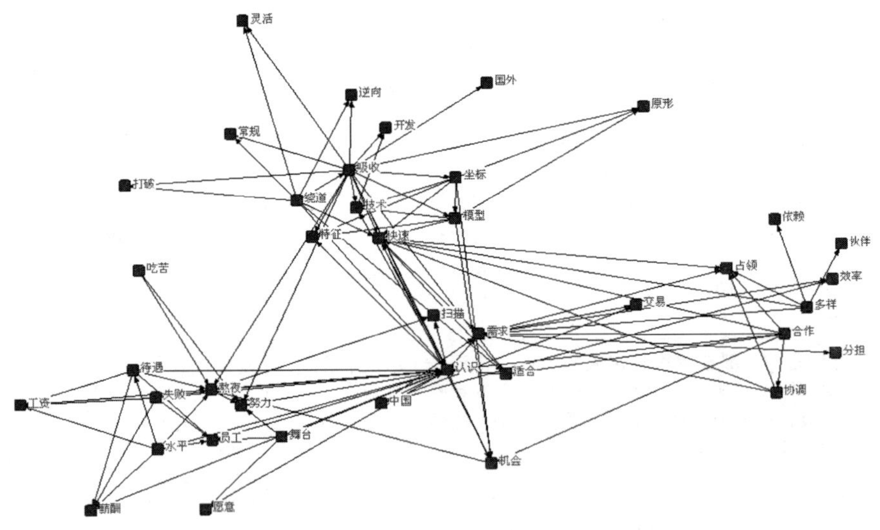

图 4 - 1　关键词提取

资料来源：笔者整理。

表 4－2　　　　依据内容一致性与范式的主轴编码过程

副范畴	主范畴	模式内涵
影响力，愿景激励，良好报酬，发展机会，努力奋斗，战胜自我，时间上的多投入，牺牲个人利益	艰苦奋斗态度	主范畴“艰苦奋斗态度”，与员工工作态度的内涵具有一致性，由副范畴所包含的内涵可知，这种态度指的是在领导行为驱动下，员工对工作时间的多投入以及为组织利益而超越个人利益的工作态度 副范畴是主范畴所包含的条件类型及艰苦奋斗态度的具体表现，反映了复杂消费产品企业领导行为对员工工作态度的影响
反求工程，分拆仿制，合作学习，技术吸收快	快速学习	主范畴“快速学习”指的是复杂消费产品企业通过采用快速有效的学习方式所带来的技术能力的快速提升，与快速学习相对应的研发方式能够有效提升研发速度 副范畴反映了该范畴所包含的学习类型和对应的研发方式及其结果的具体表现
整合资源，企业协作，适应，合作快速，承诺，交易规制，利他行为，快速满足需求	敏捷供应链	主范畴“敏捷供应链”指的是在竞争、合作和动态的市场环境中，由与组织相关的各种实体构成的快速响应环境变化的动态供需网络 副范畴反映了复杂消费产品企业与其供应链合作者之间形成良好互动，从而能够快速有效地满足中国市场需求

资料来源：笔者整理。

（3）选择编码。选择编码的目的是发展核心范畴，核心范畴具有统领性，能够将大部分研究结果囊括在一个比较宽泛的理论范围之内。结合访谈资料，对几个主范畴间的基本逻辑关系进行分析，可以得到如下“故事线”：敏捷供应链、快速学习和艰苦奋斗态度为复杂消费产品企业提供了实现后发优势的解决方案。其中，艰苦奋斗态度促进了快速学习和敏捷供应链与企业核心竞争力表现之间的作用。快速学习与敏捷供应链相互影响促进复杂消费产品企业的核心竞争力。据此，选择式编码得到的核心范畴为：复杂消费产品企业通过敏捷供应链、快速学习和艰苦奋斗态度获得了核心竞争力，三个变量之间的相互作用进一步增强了这种机制。编码结果见图 4－2，这一结果与建立在预测基础上的理论模式达成一致，因此，内在效度比较理想（William & Trochim，1989）。

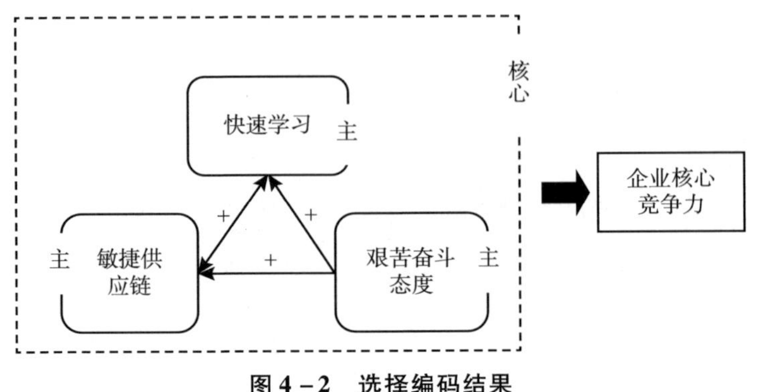

图 4-2　选择编码结果

资料来源：笔者整理。

4.1.2　信度与效度检验

本书通过检验编码员利用类目与分析单元，将内容归入相同类目中，所得结果一致的程度来保证编码的信度，在进行正式编码前，作者从数据资料中随机抽取部分作为前测样本，由 3 位编码员按照编码要求依次进行编码，然后依据相互同意度及信度公式①进行计算，得到平均相互同意度为 $\bar{K}=\frac{0.782+0.837+0.892}{3}=0.837$，分析者信度为 $R=\frac{3\times 0.837}{1+2\times 0.837}=0.939$，计算结果均比 0.9 高，显示 3 位编码员归类的一致性较高，可见对复杂消费产品核心企业竞争力形成机制的编码分析具有很好的信度。

① 公式表示为：$R=\frac{n\times\bar{K}}{1+(n-1)\times\bar{K}}$，$\bar{K}=\frac{2\sum_{i=1}^{n}\sum_{j=1}^{n}K_{ij}}{n\times(n-1)}(i\neq j)$，$K_{ij}=\frac{2M}{N_i+N_j}$，$R$ 为分析者信度，n 为参与分析人员数量，$\bar{K}$ 为分析人员平均相互同意度；K_{ij} 为分析人员 i 与分析人员 j 相互同意度；M 为分析人员 i 与分析人员 j 意见一致的项数；N_i 为分析人员 i 做出分析的总项数；N_j 为分析人员 j 做出分析的总项数。

就编码分析的效度而言，本研究邀请研究团队其他 8 位成员对内容效度进行了评价，计算内容效度化系数（CVR）[①] 为 1。因此具有较高的效度水平。

4.2　研究讨论

本章通过深度访谈，探讨形成复杂消费产品企业核心竞争力的关键情境要素和机制模型。

4.2.1　敏捷供应链、快速学习和艰苦奋斗态度是形成复杂消费产品企业核心竞争力的关键情境要素

本章的研究数据表明，敏捷供应链、快速学习和艰苦奋斗态度帮助复杂消费产品企业取得核心竞争力。

（1）敏捷供应链指的是在竞争和动态的市场环境中，企业与若干供方、需方实体构成的快速响应环境变化的动态供需网络，表现为一种经济情境。敏捷供应链能够迅速调动全球范围内的合作资源对包含技术、材料开发、市场和客户期望等方面的变化进行追踪，并将相互关联的研发与工厂组织起来，从而帮助复杂消费产品企业快速满足以上变化带来的市场机会（Hwang，1999）。

访谈数据表明，在敏捷供应链中，复杂消费产品企业与各个合作者之间表现出丰富协作、承诺、适应性和交易规制等特征。其中，丰富的协作能够创造多种类型的信息和资源，弥补复杂消费产品企业自身能力的不足，具有协作关系的合作伙伴努力发挥自身优势促成对方目标的实现（Steven et al.，2006）。企业间的相互支持与共赢，使合

① $CRV=\frac{Ne-N/2}{N/2}$，其中，N 代表评审员总人数，Ne 代表评为很重要的人数。

作者愿意维持长期的合作关系并做出承诺，如提高产品供货质量、快速销售以及价格红利，从而提高产品性价比，敏捷供应链中，合作企业能够快速适应核心企业的供应或需求，并提供任何有可能产生帮助的信息，同时为了满足需求，合作企业会对生产系统进行调整及投资，增强核心企业的市场适应能力。此外，经过长期的合作，敏捷供应链内部形成一种“心照不宣”与“默契”，在交易过程中实行“明码实价”，合作企业不需要进行过多的谈判，有效地减少了交易摩擦造成的耗损，加快了复杂消费产品企业的交易速度，降低了交易成本。

通过以上的分析我们发现，敏捷供应链能够实现低成本、高质量、高速度、高柔性和产品革新，从而给复杂消费产品企业带来较高的收入、利润、市场份额、顾客忠诚度和更好的发展前景（Yusuf et al.，2004）。一位JL汽车员工对其进行了如下描述：

“在JL刚刚踏入汽车行业之时，以前为其提供摩托车零部件的企业起了很大的作用，它们协同为吉利提供汽车零部件，帮助JL快速制造出满足中国市场需求的汽车，并有效的降低了生产成本。”

（2）快速学习是人们对组织问题进行了解和洞察的过程中所采取的有效学习模式，它能够快速提高复杂消费产品企业的技术能力，帮助其在动态开放环境中获得核心竞争力，表现为一种技术与能力情境。

扎根数据表明，中国复杂消费产品企业在技术追赶过程中采用一种与西方发达国家不同的快速学习模式，主要表现为分拆仿制、反求工程和合作学习等具体形式。分拆仿制和反求工程是通过抽离目标产品的不同特征，确定新产品一个初步的取值范围，从而达到快速模仿吸收已有成功产品的目的。这种开发方法的实质是通过对市场上已有产品的分析来寻找成功产品的特征聚集区，以缩小产品设计的搜寻范围，虽然不能代替研发活动本身，但这一过程能够迅速提高复杂消费产品企业的研发效率，帮助企业快速掌握关键技术知识；合作学习是一种在与国内外企业进行技术合作的过程中所采用的学习方式，通过合作学习，复杂消费产品企业可以参与优秀团队的研发过程，实现“师傅领徒弟”的“干中学”，减少完全自主创新过程中的“瞎子摸象”现象，增强知识获取的速度与效率。此外，合作学习使复杂消费产品企业跟踪并吸收快速而正确的开发路径，有利于研发人员设计观念的转变和开发手段（工具）的升级，从而进一步提高产品设计速度，降低误差率。

因此，从上述的分析中可以发现，复杂消费产品企业所采用的快速学习模式是一系列灵活开发方式的集合，它帮助复杂消费产品企业在短时间内提升技术能力，缩短与发达国家的技术差距，从而使其能够依靠对本土市场的认知快速提供贴近消费者需求的产品，在竞争者取得市场黏性之前占领市场，正如HC汽车技术总监在接受我们访谈时所表示的那样：

“我们虽然深知中国市场的需求特点，但是技术能力与国外相比还有一定差距，所以我们跟包括一些意大利的设计公司和国外的设计咨询公司来共同设计，派员工到意大利，他们给我们带来了大量的宝贵经验，如果是我们自己摸索估计需要很长的时间。”

（3）艰苦奋斗态度是一种在领导行为驱动下，员工对工作时间的多投入以及为组织利益而超越个人利益的工作态度。它从中国特定的文化、历史和物质环境的相互作用中发展而来（Child，2009），表现为一种社会文化情境。

复杂消费产品涉及大量知识和技能，并且面对动态、竞争激烈和开放的市场，作为后来者的中国复杂消费产品企业技术能力的快速提升和在此基础上的对中、低端市场的快速有效的反应决定了其在市场中的地位。

具备艰苦奋斗态度的员工表现出工作的持续性和努力等特征，他们一方面愿意留在企业，从而保证了企业研发、管理和生产的一致性，使处于变革环境中的复杂消费产品企业稳定运营。另一方面，员工在完成工作的过程中愿意付出更多的努力，弥补技术能力的不足，他们会自觉加班，缩短研发和制造时间，同时保证产品质量，增强企业运营的效率和效果。此外，这种积极的工作态度使员工表现出更多有利于组织的行为，如协助同事、主动帮助他人、向管理者提出合理化建议等，进而促进企业内部的资源流动，降低交流成本，使复杂消费产品企业获得非合同资源（William & Trochim，1989）。由于“昂贵的”技术能力是中国复杂消费产品企业所面临的主要瓶颈（Yan & Child，2004），作为一种隐性知识载体，其获得需要长时间的研发实践积累。作为后发企业，中国复杂消费产品企业的技术能力与发达国家相比存在一定的差距，在技术追赶初期，往往面临艰难的研发条件。艰苦奋斗态度使员工和企业坚持走自主开发而不是引进技术的发展路径，并克服开发过程中的众多困难，此外，员工为组织利益超越个人利益的努力能够大大缩短企业的技术追赶时间。

综上所述，复杂消费产品企业之所以能够在不具备丰富技术资源和能力的情况下取得核心竞争力主要是受三个关键情境要素的影响，即敏捷供应链、快速学习和艰苦奋斗态度，它们提高了复杂消费产品企业的技术能力以及运作的速度和效率，从而使企业能够快速响应消费者需求的变动，访谈资料中形成复杂消费产品企业核心竞争力的关键情境要素见表4－3。

表4－3　形成复杂消费产品企业核心竞争力的关键情境要素

情境要素	作用	援引
艰苦奋斗态度 在领导行为驱动下，员工对工作时间的多投入以及为组织利益而超越个人利益的工作态度	保持企业稳定运营，增强运营的效率和效果保证产品质量，促进企业内部资源流动，降低交流成本，使复杂消费产品企业获得非合同资源，克服开发困难，缩短技术追赶时间	“依托传统的艰苦奋斗精神，我们克服各种困难，快速开发出具有自主知识产权的汽车平台。”（HC：员工）

续表

情境要素	作用	援引
快速学习 人们对组织问题进行了解和洞察的过程中所采取的快速有效的组织学习模式	短时间内实现技术能力的提升，在竞争者大量占领市场或取得市场黏性之前，快速增强企业核心竞争力	“灵活的学习方式使我们的技术提高的很快，缩小了与其他企业的差距，开发出本土产品就很容易了。”（JL：员工）
敏捷供应链 在竞争和动态的市场环境中，复杂消费产品企业与若干供方和需方等实体构成的快速响应环境变化的动态供需网络	增强低成本、高质量、高速度、高柔性和产品革新等方面的潜能	“深圳这个地区的优点就是，各种上下游企业都有，对这些资源的整合大大提高了我们对市场的理解以及反映的速度。”（KP：总裁办副总裁）

资料来源：笔者整理。

4.2.2　情境要素之间相互作用影响复杂消费产品企业的核心竞争力

（1）艰苦奋斗态度通过提高快速学习的技术吸收速度影响复杂消费产品企业的核心竞争力。

在艰苦奋斗态度的感召下，员工一方面乐于付出更多的力量和精力，并延长工作时间，进而能够增强复杂消费产品企业学习的强度，此外，员工会作出有利于企业的行为，促进内部显性和隐性知识的流动，使企业获得非合同知识，丰富组织学习所需的知识基础，另一方面，这种工作态度使员工不受环境条件的影响而保持长期动态的学习，从而提升了企业学习过程中技术知识的吸收速度。

一位 KP 手机公司的消服行政人员用一个宾馆故事对其进行说明：

“学习速度对手机企业的竞争很重要，2008 年左右，做这个安卓（Andrio）决策的时候，其实公司也是比较落后的，但是 Andrio 系统是相对开放的平台，是以后一个大势所趋，必须要改，可是公司没有做 Andrio 的人。但我们的员工做事下得了狠心，很多人到宾馆——一个超级封闭的位置，在那儿，手机上交，一个月加班 280 小时算少的，两个半月就完成了其他公司七个月的工作，技术能力有了大幅的提高。”

（2）艰苦奋斗态度通过提高敏捷供应链内各企业的反应速度和技术能力影响复杂消费产品企业的核心竞争力。

供应链是由核心企业与若干供方、需方实体构成的供需网络，在艰苦奋斗态度的驱动下，核心企业和外部供应链企业能够在保证稳定运营的基础上提高反应速度，同时保证产品的质量，降低产品成本，从而增强供应链系统运行的效率和效果。敏捷供应链的技术，如信息技术、物流技术和生产技术等对敏捷效益有显著的正向影响（Hwang，1999），积极的工作态度使员工延长工作时间，加快知识吸收的速度，此外，员工表现出更多有利于组织的行为，促进企业内部包括知识在内的资源流动，进而能够在短时间内增强各供应链企业的技术能力。

一位 ZT 手机公司的员工表示：

“深圳有加班的文化，各个企业内部的员工有的还在攀比加班时间，因此，相比较于国外的企业，深圳地区供应链系统的反应速度是很快的。”

（3）快速学习与敏捷供应链相互作用增强对复杂消费产品企业核心竞争力的影响。

快速学习基于对知识的快速吸收与利用，能够在短时间内提高企业在管理、研发和判断等方面的能力，使复杂消费产品企业识别并赢得最佳合作伙伴，有利于降低供应链中关系质量的不确定性，同时调动最佳合作资源，从而增强供应链的市场效应；此外，敏捷供应链的特点和特征及在管理实践中的应用，决定了其受信息技术、物流技术、生产技术等的客观影响（Hwang，1999），技术能力的提高有利于供应链资源的整合，提高供应链整体运作效率，同时，复杂消费产品企业将快速获取的知识和信息扩散给合作伙伴，能够提高供应链企业之间的适应性和沟通交流，并获得利益相关者的支持与信任。

一位 HR 家电公司的员工表示：

“帮助供应链企业提高自身能力，能够取得双赢效果，一方面更好地适应产品需求，另一方面，我们之间也建立了良好的信任，当然想帮助别人自己得具备一定的能力。”

供应链协作关系的数量和多样性对复杂消费产品企业的快速学习有显著的正向影响，这是因为，这些关系能够创造出多种信息来源并能获取多种类型的资源。其中，众多丰富的关系有利于复杂消费产品企业直接参与或跟踪更多的研发和生产活动，增加学习的资源与机会，促进企业产品开发与制造能力的提升。关系的多样性能够使复杂消费产品企业同时拥有强关系和弱关系。其中，弱关系有利于企业获得紧跟市场变化的信息（Rowley et al.，2000），提高快速学习的有效性。强关系则能够取得深入而具体的信息，使企业进行丰富而广泛的学习。

一位 KP 手机公司的常务副总监表示：

“从创业阶段开始，公司就积极与外部资源合作进行产品研发。例如，我们联同独立内容供货商携手开发应用系统，与微软等企业组成紧密的战略伙伴，这些灵活的合作关系帮助公司快速提升技术能力。”

综上所述，形成复杂消费产品核心企业竞争力的情境要素之间相互作用增强它们对企业市场表现的影响。这种作用包括艰苦奋斗态度对快速学习和敏捷供应链以及敏捷供应链和快速学习之间的相互影响。

4.3　本章小结

本章运用访谈法析出形成复杂消费产品企业核心竞争力的关键情

境要素和机制模型，以涵盖不同产品类型的九家复杂消费产企业为访谈对象，使用扎根理论对访谈数据进行分析，包括开放式编码、主轴编码和选择式编码三个步骤。其中，通过开放性编码，得到 372 个概念和 20 个范畴，在此基础上，运用 Rost. CM 内容分析软件并结合“因果条件—现象—脉络—中介条件—行动/互动策略—结果”这一典范模型，将 20 个副范畴归纳到 3 个主范畴中。最后通过选择式编码，对几个主范畴间的基本逻辑关系进行分析，得到如下研究结论：

（1）敏捷供应链、快速学习和艰苦奋斗态度是形成复杂消费产品企业核心竞争力的关键情境要素。敏捷供应链能够迅速调动全球范围内的合作资源对包含技术、材料开发、市场和客户期望等方面的变化进行追踪，并将相互关联的研发与工厂组织起来，使复杂消费产品企业快速满足以上变化带来的市场机会。在敏捷供应链中，复杂消费产品企业与合作者之间表现出距离、丰富的协作、承诺、适应性和交易规制等特征，能够为复杂消费产品企业创造多种类型的信息和资源，从而增强其在低成本、高质量、高速度、高柔性和产品革新等方面的潜能；快速学习是一系列灵活开发方式的集合，这些灵活开发方式使复杂消费产品企业在短时间内提升技术能力，缩短与发达国家的技术差距，从而使其能够依靠自身对本土市场的认知快速提供贴近消费者需求的产品，在竞争者大量占领市场或取得市场黏性之前，增强企业核心竞争力。具备艰苦奋斗态度的员工，基于其对组织的认同和愿意在艰苦的条件下工作，敢于面对困难，为组织利益而超越个人利益的态度与行为，有效地保证了复杂消费产品企业研发、管理和生产的一致性和稳定性，提升企业的运营速度，弥补原有技术资源的不足，同时，帮助企业克服开发过程中的众多困难，缩短技术追赶时间，并促进内部资源流动，降低交流成本。

（2）不同情境因素之间相互作用增强复杂消费产品企业的核心竞争力。其中，艰苦奋斗态度通过提高快速学习的技术吸收速度以及敏捷供应链内各企业的反应速度和技术能力影响复杂消费产品企业的市场表现；快速学习与敏捷供应链则相互作用增强对复杂消费产品企业市场表现的影响。其中，艰苦奋斗态度能够增强企业学习的强度，丰富学习的知识基础，并使员工不受环境条件的影响保持长期动态学习。此外，在艰苦奋斗态度的驱动下，供应链企业能够在保证稳定运营的基础上提高反应速度，同时员工对工作时间的延长以及做有利于组织的行为能够加快企业知识吸收的速度，促进资源流动，提高供应链企业的技术能力，增强供应链敏捷效益。快速学习能够在短时间内提高复杂消费产品企业的各项能力，使企业识别和赢得最佳合作伙伴，从而降低关系质量的不确定性。此外，知识与信息的扩散有利于提高供应链企业之间的适应性和沟通交流，并获得利益相关者的支持与信任，从而提高供应链整体运作效率。敏捷供应链具有的协作关系数量和多样性等特征能够创造出多种信息来源并能获取多种类型的资源，从而使企业参与或跟踪更多的研发、生产活动，进而增加学习的资源与机会。

在对形成企业核心竞争力的关键要素进行研究的文献中，情境理论提供了重要的启示，众多学者就具体情境要素及其对企业绩效、创新等各种竞争表现的影响展开了广泛的研究，并主要集中于政策与战略、经济、技术与能力以及社会文化等情境要素的探讨（张剑等，2009；陈清泰，2006）。虽然已有文献从情境视角清楚地显示了形成企业核心竞争力的关键要素及其影响，但对何种情境要素可以用于形成特定产品（复杂消费产品）企业的核心竞争力这一问题还不甚清楚，而特定产品企业可能需要与“普适”理论完全不同的情境要素。本书在已有研究的基础上进行了延伸，重点探讨形成复杂消费产品企业核心竞争力的关键情境要素和机制模型，揭示复杂消费产品企业在取得竞争力的过程中，三个不同层次情境因素的重要作用以及他们之间的互动关系对核心竞争力的影响，对情境视角下企业核心竞争力形成机制研究具有一定的启示。

此外，本章对复杂消费产品企业核心竞争力形成机制的研究为企业核心竞争力理论提供了新的启示：首先，本章肯定了组织学习、员工积极工作态度和敏捷供应链作为企业支撑能力、内部和外部资源对核心竞争力的重要作用；其次，本章探索出了两个适用于特定产品（复杂消费产品）企业的学习模式和员工态度，即快速学习和艰苦奋斗态度，进而深化了该理论。

第5章

复杂消费产品企业供应链敏捷性的形成与演化机理研究

由于复杂消费产品涉及大量知识和技能，并且面对动态、竞争激烈和开放的市场，作为后来者的复杂消费产品企业技术能力的快速提升和在此基础上的对中、低端市场的快速有效的反应决定了其在市场中的地位。前述研究表明，敏捷供应链是在竞争和动态的市场环境中，企业与若干供方和需方实体构成的快速响应环境变化的动态供需网络。敏捷供应链能够迅速调动全球范围内的合作资源对包含技术、材料开发、市场和客户期望等方面的变化进行追踪，并将相互关联的研发与工厂组织起来，从而帮助复杂消费产品企业快速满足以上变化带来的市场机会（Hwang，1999）。敏捷供应链能够实现低成本、高质量、高速度、高柔性和产品革新，从而给复杂消费产品企业带来较高的收入、利润、市场份额、顾客忠诚度和更好的发展前景（Yusuf et al.，2004）。因此，为了能够深入探究与发展这一情境要素，从而形成复杂消费产品企业的核心竞争力，本章对复杂消费产品企业供应链敏捷性的形成与演化机理进行研究。

本章的研究思路是：运用探索性单案例研究方法，以一家复杂消费产品企业的供应链为样本，使用扎根理论对不同阶段的多个来源数据进行分析，包括开放式编码、主轴编码和选择式编码三个步骤。其中，通过开放性编码，得到第一个阶段 152 个概念和 11 个范畴，第二阶段 162 个概念和 10 个范畴，以及第三阶段 171 个概念和 12 个范畴。在此基础上，运用 Rost. CM 内容分析软件辅助进行主轴编码，第一阶段的 11 个副范畴被归纳到 3 个主范畴中。第二阶段的 10 个副范畴被归纳到 4 主范畴中。第三阶段的 12 个副范畴被归纳到 5 个主范畴中。最后通过选择式编码，对几个阶段主范畴间的基本逻辑关系进行进一步分析，得到复杂消费产品企业供应链敏捷性的形成与演化机理。

5.1 研究方案

5.1.1 数据分析

鉴于本章的数据与本章的研究问题，正像第 3 章 3.2.2 节所描述的，本章采用探索性单案例研究。

与本章使用的探索性案例研究方法呼应，本章使用扎根理论进行案例数据的分析，自下而上建立理论，逐步发展构念、廓清构念间的关系。在具体分析过程中，本章主要通过开放式编码、主轴编码和选择式编码来探索供应链敏捷性的形成与演化机理。

（1）开放式编码：范畴提取。开放式编码是一个将资料打散，赋予概念、范畴，然后再以新的方式重新组合起来的操作化过程。

本章由 3 名编码员以初步构建的理论框架和相关研究为参考进行编码，但不局限于此，这样有助于获得涌现的理论。在分析过程中，首先将数据进行初期总结后归入核心企业的不同发展阶段，对数据来源进行编码，以来源名称命名，如来自访谈的资料编码为 FT。然后将资料分解为具有特定内涵的句子或段落，在后面标注提炼的简练概念。最后将概念进行归类，提炼出范畴，通过开放性编码，得到不同发展阶段的共 485 个概念和 43 个范畴。其中，第一个阶段抽象出

152个概念和11个范畴，分别为地缘接近、沟通便利、降低交易成本、时间红利、丰富的合作关系、广泛的联系、多种类型的资源、互利共赢、及时反应、快速响应和满足需求；第二阶段抽象出162个概念和10个范畴，分别为地理位置靠近、易于沟通、协同运作、合作关系众多、努力维持、长期伙伴、价格红利、灵活的网络、有效的反应和适应及把握机会；第三阶段抽象出171个概念和12个范畴，分别为伙伴协作、关系的数量和多样性、正式与非正式的沟通、长期关系的维持、薄利、调整适应特殊需求、投资以促进合作、交易默契、心照不宣、明码实价、快速适应市场需求、提供低成本和高质量产品。本书的开放式编码示例见表5－1，其中的关键词标注有利于接下来的主轴编码。

表5－1　　　　开放式编码举例

典型引用	关键词	一阶概念	范畴
“我们已经形成了战略性合作伙伴关系，为了使其适应市场需求，以保持我们的长久合作关系，我们尽可能以最快的速度交货。”（供应链企业，员工，第一阶段，FT）	速度，伙伴，战略	促成对方目标实现	互利共赢
“专注于研发是我们的核心竞争力，因此目标的完成需要合作企业的帮助。”（核心企业，总裁办副总裁，第一阶段，FT）	目标，合作，帮助	目标依赖	
“我们之间的信息还是很畅通的。”（核心企业，副总裁，第一阶段，FT）	信息，畅通	相互支持与帮助	

资料来源：笔者整理。

（2）主轴编码：主范畴提取。主轴编码的主要任务是发现和建立范畴之间的联系，发展主范畴和副范畴（Strauss & Corbin，1994）。

这一过程的具体步骤是：首先，由作者本人向编码员讲解复杂消费产品、敏捷供应链和企业合作关系等概念，整个讲解过程持续2小时。然后借助Rost. CM软件中的社会网络和语义网络分析功能对数据资料进行阶段分析，生成由第一阶段 25 个高频关键词、第二阶段 23 个高频关键词和第三阶段 29 个高频关键词构成的图谱，每个节点代表高频主题词，连线表示两个主题词之间有共现关系（第一阶段举例见图 5－1）。这些高频关键词的共线关系是进行模式分析的重要数据基础，依据这些关系可以有效查找对应范畴之间的联系，例如，互利共赢对应的一个关键词帮助，与广泛的联系对应的关键词伙伴具有共线关系时，可以推测互利共赢与广泛的联系具有某种范畴联系。但需要注意的是，某些关键词并不一定被受访者反复提及，因此高频关键词与开放式编码中标注的关键词存在一部分误差，此外，不同范畴的对应关键词可能存在一定程度的重复，在进行关系分析时，对缺乏对应高频关键词的范畴，需寻找类似含义的词语或返回原始数据进行关系识别。另一方面需借用“条件—行动/互动—结果”编码

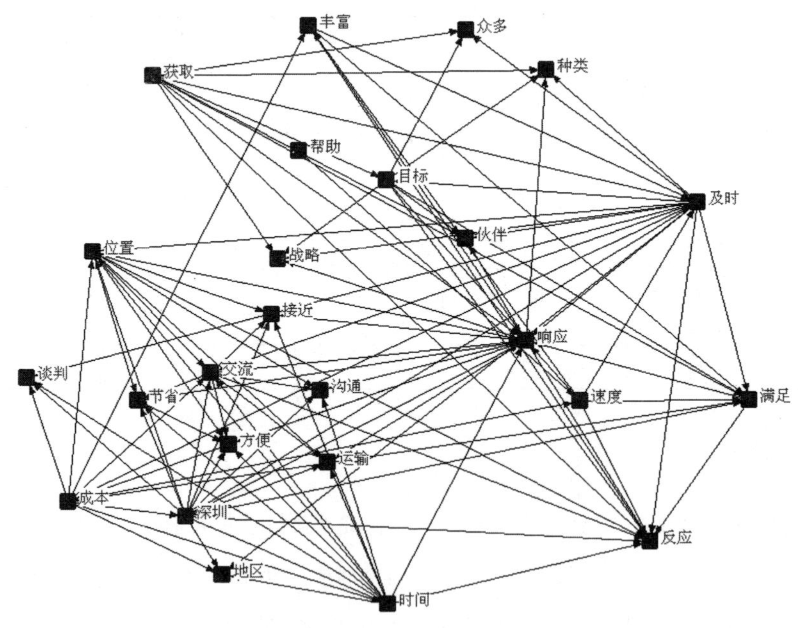

图 5－1　关键词提取

资料来源：笔者整理。

范式回溯访谈资料对各个主范畴和副范畴之间的编码关联进行检验和补充（Strauss & Corbin，1994），以保证编码数据的饱和与完整。其中，条件是指某现象发生的情境，行动或互动是指研究对象针对该环境或情境所做出的策略或例行性反应，结果是指行动或互动所带来的实际后果。通过主轴编码，第一阶段的11个副范畴被归纳到3个主范畴中，第二阶段的10个副范畴被归纳到4主范畴中，第三阶段的12个副范畴被归纳到5个主范畴中，依据范式的主轴编码结果见表5－2。

表5－2　依据内容一致性与范式的主轴编码举例

阶段	副范畴	主范畴	模式内涵
“创业”阶段	地缘接近，沟通便利，降低交易成本，时间红利	距离	主范畴“距离”指的是核心企业与供应链企业的地理远近 副范畴是该范畴的具体表现及其结果
	丰富的合作关系，广泛的联系，多种类型的资源，互利共赢	协作丰富	主范畴“协作丰富”指的是企业之间为了达到共同的目标而协同工作的数量和种类的丰富性 副范畴表明在供应链中，企业之间的关系数量众多，种类丰富，形成一种由互利共赢关系为主导的结构，并带来资源的丰富与效用的提高
	及时反应，快速响应，满足需求	供应链快速有效	主范畴“供应链快速有效”指的供应链在动态市场环境中，能够快速有效地响应环境变化 副范畴是该范畴的特征表现
变革阶段	地理位置靠近，易于沟通	距离	主范畴“距离”指的是核心企业与供应链企业的地理远近 副范畴是该范畴的具体表现
	协同运作，合作关系众多	协作丰富	主范畴“协作丰富”指的是企业之间为了达到共同的目标而协同工作的数量和种类的丰富性 副范畴反映了敏捷供应链内部众多合作企业之间以一种协同的方式运作
	努力维持，长期伙伴，价格红利	承诺	主范畴“承诺”指的是维持企业间重要关系的一种持续性意图以及为之而努力的保证 副范畴反映了合作企业之间对关系的重视以及对供应链带来的有利影响
	灵活的网络，有效的反应，适应及把握机会	供应链快速有效	主范畴“供应链快速有效”指的供应链在动态市场环境中，能够快速有效地响应环境变化 副范畴是该范畴的特征表现

续表

阶段	副范畴	主范畴	模式内涵
发展阶段	伙伴协作，关系的数量和多样性，正式与非正式的沟通	协作丰富	主范畴“协作丰富”指的是企业之间为了达到共同的目标而协同工作的数量和种类的丰富性 副范畴是该范畴的具体表现
	长期关系的维持，薄利	承诺	主范畴“承诺”指的是维持企业间重要关系的一种持续性意图以及为之而努力的保证 副范畴反映了合作企业之间对关系的重视以及对供应链带来的有利影响
	调整适应特殊需求，投资以促进合作	适应性	主范畴“适应性”指的是上下游合作伙伴之间具有能够很好地适应彼此特殊的供应或需求的能力 副范畴是该范畴所包含的适应类型
	交易默契，心照不宣，明码实价	交易规制	主范畴“交易规制”指的是在交易过程中形成的规定和制度 副范畴反映了供应链企业之间以各种简单的方式进行交易
	快速适应市场需求，提供低成本和高质量产品	供应链快速有效	主范畴“供应链快速有效”指的供应链在动态市场环境中，能够快速有效地响应环境变化 副范畴是该范畴的特征表现

资料来源：笔者整理。

（3）选择编码：核心范畴的形成。选择编码是在所有已发现的概念类属中经过系统分析后选择一个或几个“核心类属”，即发展更加抽象的类别。与其他类属相比，核心类属具有统领性，能够将大部分研究结果囊括在一个比较宽泛的理论范围之内，就像一个渔网的拉线，核心类属可以把所有其他的类属串成一个整体拎起来，起到“提纲挈领”的作用。在主轴编码的基础上，通过对高频关键词构成图谱的分析，发现各阶段主范畴对应的关键词群组之间表现出共线关系，以第一阶段为例，可以得到如下“故事线”：企业之间地理位置的远近以及为了达到共同目标而协同工作的数量和种类的丰富性，能够在带来丰富资源的同时提高供应链运作的速度与有效性。据此，第一阶段选择式编码得到的核心范畴为：企业之间距离的远近与协作关系的丰富性促进快速有效供应链的形成。

5.1.2　信度与效度检验

在数据分析的过程中，首先参考巴顿（1987）案例评估研究四类证据中的资料和研究者三角形，对数据进行三角验证。一方面，对不同来源的资料进行编号，保证同一编码数据至少得到3个数据来源的支持；另一方面，3名编码员独立进行编码，编码完成后，进行比较，编码一致的条目加以保留，不一致的进行讨论确定保留或删除。其次，为了检验编码员将内容归入类目过程中所得结果一致性的程度，从而保证编码的信度，本章从数据资料中随机抽取部分资料作为前测样本，由3位编码员按照编码要求依次进行编码，将结果依据霍斯提（Holsti）提出的相互同意度及信度公式进行计算。通过计算，得到平均相互同意度为 $\bar{K} = \frac{0.789 + 0.836 + 0.827}{3} = 0.817$，分析者信度为 $R = \frac{3 \times 0.817}{1 + 2 \times 0.817} = 0.931$，计算结果均比0.9高，显示3位编码员归类的一致性较高，可正式进行编码工作（见表5-3）。

表5-3　编码相互判断同意度

类别	编码员1	编码员2	编码员3
编码员1	1	0.789	0.836
编码员2		1	0.827
编码员3			1

资料来源：笔者整理。

最后，本书通过检验内容效度系数检验编码的效度。研究团队其他7位成员对其内容效度进行评价并得出内容效度化系数（CVR）为1。因此，具有较高的效度水平。

总体而言，在研究过程中，本章参考殷（Yin，2008）和扎根分析的验证工具，主要采用以下方式解决潜在偏差，保证研究的信度与效度（见表5－4）。

表5－4　　　　保证信度与效度的研究策略

检验	案例研究策略	策略所使用的阶段
构建效度	·采用多元的证据来源 试验性访谈，正式访谈（核心企业访谈，相关供应链企业访谈），档案资料，观察资料	资料收集
	·证据和研究者三角形 同一编码条目至少得到3个数据来源的支持，3名编码员独立编码并进行比较，编码一致的条目加以保留，不一致的进行讨论确定保留或删除	资料分析
	·形成证据链 问题—构念—引用语—结论—模型 案例描述过程中，引用大量案例数据库中的证据，并使这些证据能够很好地将实证资料与研究结论联系起来	资料收集 证据分析 撰写报告
内在效度	·模式匹配 建立在实证数据基础上的模式与建立在预测基础上的模式相匹配	证据分析
	·编码效度 编码表建立在已有文献基础之上，研究团队其他7位成员对其内容效度进行评价并得出内容效度化系数（CVR）为1	资料分析
外在效度	·理论指导单案例研究 根据已知理论建立研究框架指导单案例研究	研究设计
信度	·采用案例研究草案 受访人员列表 访谈问题 资料收集计划：访谈的日期安排，花费的时间，访谈次数 访谈方式：集中于事实、事件和直接解释，采用“法庭询问式”方式	资料收集
	·案例研究数据库 录音，试验性访谈记录，正式访谈记录，观察资料，档案记录，研究人员描述与分析的资料	资料收集
	·编码信度 前测样本的相互判断同意度大于0.9	资料分析

资料来源：笔者整理。

5.2 案例描述

YL 通信创立于 1993 年。是一家致力于智能手机终端、移动数据平台系统、增值业务运营一体化解决方案的公司，自有品牌 KP 手机是其主要产品。公司在发展过程中基于其与利益相关群体构成的动态供需网络实现了快速的研发、生产和销售。

5.2.1 “创业”阶段供应链的敏捷性

改革开放以来，寻呼机一直占据着 20 世纪 90 年代中国通信行业的较大份额，1996 ~ 2000 年，中国寻呼用户数的复合年增长率为 17.7%。但随着寻呼网络渐趋成熟，信息接收器的需求开始放缓，自 2001 年起，中国寻呼市场一直停滞不前，与此同时，移动电话和智能手机市场迅速扩大，此时的需求者对价格并不敏感。

为了获得有力的市场地位，YL 通信与中国电信运营商建立了密切的业务关系为消费者提供高质量、高功能的无线方案及设备。同时，公司与独立的软件开发商合作，进行产品的分销，扩大产品市场网络。此外，在整个产业链的上游，公司与锌片、模具等硬件生产商合作，在产业链的下游，与各种软件和服务（SP）提供商、内容提供商进行合作，以此加快产品的研发与生产速度。由于公司位于中国手机产业聚集的深圳地区，这种地缘的便利性促进了供应链企业的沟通，降低了谈判时间，从而进一步加快了产品上市速度。

基于企业之间的协作以及优越的地理位置，YL 通信所在的供应链在很短的时间就开发出多种网络适用的高质量的固定无线终端机，并快速向全国推广，例如，2003 年，YL 通信就推出国内第一款彩屏智能手写手机。2004 年，推出全球第一款全球移动通信系统（GSM）双卡智能手写手机。

这些典型事件表明，YL 通信所在的供应链已经实现了敏捷性。这一阶段中，供应链敏捷性的形成机理与敏捷表现见图 5 –2。

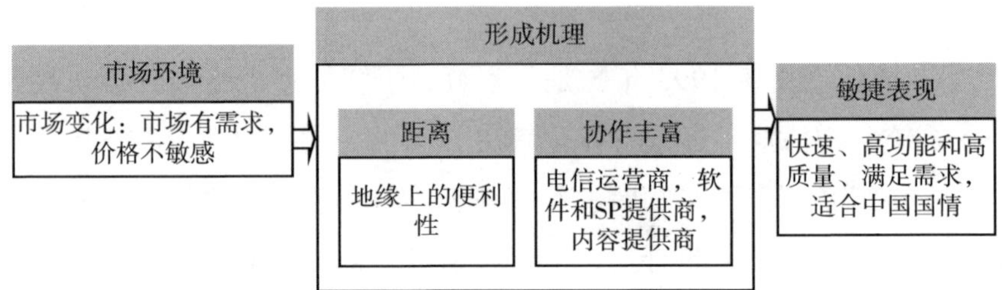

图 5 –2 “创业”阶段供应链敏捷性表现及其形成机理

资料来源：笔者整理。

5.2.2 变革阶段供应链的敏捷性

随着中国智能手机市场快速成长，消费者需求迅速增加，国际知名品牌手机的价格与国产手机相差无几，甚至更低廉，这种情况下，产品质量、性价比和售后服务的敏捷在很大程度上影响企业供应链的有效性。

在这一阶段，YL 通信与国内外电信营运商合作发展自有手机品牌，开辟海内外市场，利用多渠和多运营商的发展模式。同时，为了应对智能手机定制规模的增长，公司专注于无线技术及应用研发，将硬件产品的大部分制作工序外包。这些丰富的合作和共赢效应，一方面增强了 YL 通信的讨价还价能力，另一方面增强了合作企业尽最大努力维持长期关系的承诺，显著的表现是价格方面的红利。

并且，深圳地区具有从芯片设计、制造到手机生产、运营等一系列完备的产业链。地缘的便利使得供应系统能够降低诸如运输、采购等方面的成本，同时提高合作企业之间的沟通效率。例如，除了若干测试及简单装配工序被安排在公司的自设厂房（深圳），YL 通信的大部分设备制造商都位于深圳地区。

2005~2008年，以YL通信为核心的供应链开发了40余款具有高功能和高性价比的智能手机，并快速占据6000元以下双待市场49%的份额，远远超过LG等竞争对手。

上述典型事件表明，以YL通信为核心的供应链在变革阶段同样实现了敏捷性。这一阶段中，供应链敏捷性的形成机理与敏捷表现见图5-3。

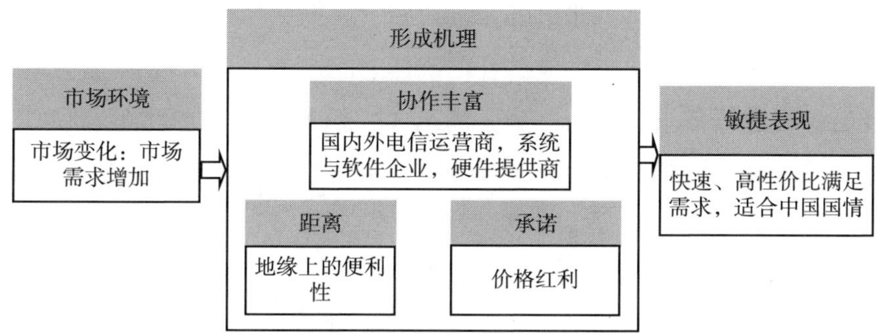

图5-3　变革阶段供应链敏捷性表现及其形成机理

资料来源：笔者整理。

5.2.3　发展阶段供应链的敏捷性

中国电信运营商重组后，电信接管联通码分多址（CDMA）网络业务，并投入更多资源扩大CDMA市场，市场需求快速增长的同时竞争也在加剧。此外，由于3G智能手机市场急速发展，为了推广产品，中低端智能手机也成为运营商的需求。

为了应对环境变化，YL通信建立了更加丰富、多样的供应链系统。在渠道方面，采用运营商集采和社会渠道相结合的方式，与国内、外电讯运营商、电子商贸伙伴和直销店等进行合作。在应用平台开发方面，YL通信打造了一个全新的平台，并不断丰富平台的价值，一方面和运营商洽谈，使其开放化，另一方面，整合上游供应商，如软件集成商和大学等，为平台超市提供丰富的产品。此外，公司与高通、飞思卡尔、大唐电信、联芯科技及多名3G手机硬件供货商合作，进行高端芯片组、操作系统以及标准软硬件平台的研发，并与上百个软件合作伙伴共同开发应用软件以及协同软件与操作系统的兼容。技术方面，公司与营运商深度合作，进行下一代网络、手机和其他关于云端运算及存储等前沿技术的研究。此外，公司继续与专业制造商协同进行生产，公司的生产部门会指定相关人员进行检验，确保制造商的装配工序妥善遵从规定的程序。同时，完成生产后，会进行功能测试及检查，进一步确保产品质量。

经过多年的协作，供应链合作伙伴之间逐渐表现出较强的适应彼此特殊供应或需求的能力。为了满足YL通信需求，制造企业可以对生产系统进行调整，甚至在工具和设备上进行重大投资。例如，一家合作企业为了应对电子界高精度的工艺技术（POP工艺），从而为YL通信提供优质的产品部件，专门派技术人员到德国西门子考察学习，并采购了两台西门子贴片设备，以应对POP工艺生产。

此外，在发展阶段，供应链伙伴之间也开始具有“默契”与“心照不宣”，合作企业在交易过程中普遍实行“明码实价”，逐渐形成了一种交易规制。这种规制的好处是能够有效地简化交易过程，加快交易速度，降低交易成本。

同时，为了应对需求增长，供应链节点企业的数量不断扩大，协作关系增多且逐渐丰富，企业之间开始存在一定的竞争关系，加之不同企业之间的共赢效应使得合作者愿意作出有利于供应链发展的承诺，如在3G市场中，由于运营商占主导地位，为了获得高性比的手机来源，社会渠道会主动帮助YL通信分担产品成本。

2009~2012年，YL通信所在供应链共开发出满足市场需求的80余款不同网络制式的高中低端智能手机，这些产品具有低价格、高功能和高性价比等特征。例如，N900和性价比非常高的E200机型，是同等价格产品里最好的机型。

这一阶段中，供应链敏捷性的形成机理与敏捷表现见图5－4。

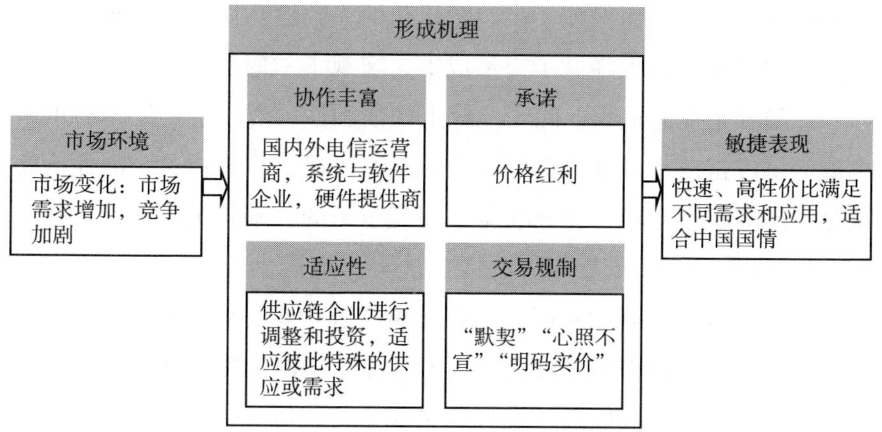

图5-4　发展阶段供应链敏捷性表现及其形成机理

资料来源：笔者整理。

5.3　案例讨论

本书通过对“创业”、变革和发展阶段，企业关系与供应链敏捷表现之间相互演化过程的分析，探讨怎样的合作关系能够帮助供应链实现敏捷性。

5.3.1　距离、承诺和适应性奠定了复杂消费产品企业供应链敏捷性的基础

在YL通信供应链的发展过程中，距离、承诺、适应性奠定了其敏捷性的基础。距离是企业之间地理位置的远近；承诺是维持企业间重要关系的一种持续性意图以及努力的保证；适应性是上下游合作伙伴之间能够适应彼此特殊供应或需求的能力。

在“创业”阶段，合作企业之间的地缘便利性是供应链获得敏捷性的重要因素。公司进入手机行业之初，运营商定制是销售的主要模式，由于YL通信位于中国手机产业聚集的深圳地区，上下游企业

地理位置接近，从而保证了供应链运作的一致性和协调性。同时，企业之间便利的沟通也降低了交易成本，实现了“时间红利”。

伴随着企业的成长，除了地缘上的便利性，合作企业之间的承诺也成为供应链获得敏捷性的基础。在变革阶段，由于快速、高性价比满足定制需求逐渐成为企业获得核心竞争力的关键，为了实现这一目标，YL 通信一方面依靠深圳的区位优势，降低供应链的交易成本和时间；另一方面，依靠共赢效应获得供应链企业的承诺即价格红利。

随着中国手机市场的发展，消费者需求不断变化并持续增长，此时，供应链企业之间的适应性和承诺成为其获得敏捷性的基础。在发展阶段，凭借长期的合作过程与相互之间的信任，合作企业之间逐渐形成一种适应彼此特殊供应或需求的能力，基于这种适应关系，供应链企业将有用的信息提供给对方，并对生产系统进行调整及投资以满足对方需求。同时，手机产业上下游供给的丰富性使协作企业之间的竞争愈加激烈，从而增强了核心企业的讨价还价能力，供应链企业为了维持长期的合作关系愿意作出一些额外的努力，如提高产品供货质量、快速销售以及价格方面的红利。

综上所述，深圳手机产业地缘上的便利性、以价格红利为主要形式的承诺以及合作企业之间基于时间和相互信任所形成的适应性奠定了 YL 通信供应链敏捷性的基础。其中，地缘便利性能够有效降低交易成本与交易时间，企业之间以价格红利为主要表现形式的承诺则提高了产品的性价比，而适应性能加快供应链的反应速度。

5.3.2 协作丰富和交易规制是形成复杂消费产品企业供应链敏捷性的焦点要素

在 YL 通信供应链的发展过程中，协作丰富和交易规制是影响其获得敏捷性的焦点要素。协作丰富是供应链企业之间为了达到共同的目标而协同工作的数量和种类的丰富性。交易规制是在交易过程中所形成的规定和制度。本书更多指的是一种非正式的协议。

在“创业”阶段，YL通信与合作企业之间地缘上的便利性是实现供应链敏捷性的辅助来源，而不是焦点因素，这是因为深圳地区有众多具有地缘便利性的手机制造和设计企业，但不是所有企业形成的供应链都具备敏捷性。为了能够快速有效地应对运营商的定制需求，企业必须获取丰富的合作关系。在这一阶段，YL通信与上游锌片、模具等硬件生产商以及下游的软件和SP提供商、内容提供商和运营商等建立了广泛的联系。协作关系的数量和丰富性有效的提高了供应链的敏捷性。一方面，丰富的合作关系能够创造多种信息来源并能获取多种类型的资源；另一方面，具有协作关系的企业能够努力发挥自身优势以促成对方目标的实现，其自身目标也有赖于对方的目标的实现，企业之间的合作关系会在各方不断的相互支持与帮助中得到加强，并为供应链带来互利共赢的正向影响。

对于这种协同关系，YL通信常务副总裁表示：“公司联同中国独立内容供货商携手开发应用系统，智能手机用户可接入内容供货商提供的服务。这是一种灵活的、互惠的合作，由于内容供货商可通过与公司的合作提高在市场上的知名度，因此，公司不需要向其支付任何费用。公司还与电视台签订了内容方面的合作协议，使得手机有了更多更新鲜的资讯和内容，电视台也多了一个内容产出的通道，多了一种赢利模式。”

同样地，在变革阶段，合作企业之间的价格承诺虽然能够帮助供应链实现敏捷性，但这仅是辅助因素，为了能够快速有效地应对内外部环境的变化，必须依靠更多的关系资本。

这一阶段，YL通信与国内外众多企业建立联系，供应链内部的关系数量及关系内容不断增加且日渐丰富，与“创业”阶段类似，这些众多具有协作效应的关系有效增强了供应链的敏捷性。

随着关系数量的增加，竞争方面的压力以及共赢效应使供应链企业愿意作出一些承诺。这些承诺表现在合作企业愿意通过牺牲短期利益，如利润，以维持长期的合作关系。此外，关系的增长使得核心企业与越来越多具有相同资源的伙伴建立联系，这些伙伴由于提供相似的产品或服务而提高了核心企业的讨价还价能力，进而促进价格红利的形成，降低了供应链成本。这一过程表明，合作企业之间承诺的出现有赖于关系数量的多少和丰富性。

在发展阶段，供应链在依靠价格承诺和适应性等辅助因素的基础上，通过关系资本和交易规制等焦点因素实现了供应链的敏捷性。

这一阶段，为迅速扩大市场占有率，公司建立丰富的协作关系，与国内外营运商、分销商、电子商贸伙伴和外国电讯营运商、软件集成商、大学、供货商及硬件企业建立联系，同时采用运营商集采和社会渠道进行产品的销售。与“创业”和变革阶段类似，这些丰富的协作关系显著增强了供应链的有效性。

此外，由于整个手机产业的需求增长迅速，供应链节点企业的数量迅速扩大，一部分供应链企业在长期的合作过程中逐渐形成了强关系。这种强关系一方面有利于企业之间丰富而高效的交易，另一方面则促进了企业之间的沟通与支持。在交易过程中，供应链企业各方逐渐表现出对彼此特殊供应或需求的适应。

同时，在发展阶段，合作企业之间逐渐表现出一种与关系数量和多样性无关的“心照不宣”与“默契”，供应链企业在交易过程中不需要进行过多的谈判，而是普遍实行“明码实价”，这种规制一方面受深圳地区交易节奏的影响，另一方面则受手机产品越来越快的更新速度的影响。交易规制的出现有效的加快了企业之间的交易速度，降低了交易成本，同时，合作企业可以将更多的时间用于相互之间的协作与适应以及关系的建立。相比于承诺和适应性，交易规制在手机行业进入快速发展阶段更为重要，这是因为，资源是供应链价值的决定性因素，合作关系的数量与多样性解决了资源的不足，而交易规制则解决了企业之间交易摩擦所造成的供应链耗损，进而保存了供应链的价值，因此，它们是发展阶段供应链敏捷性的焦点机制。

综合上述的研究，可以得出各阶段供应链敏捷性的形成机理及敏捷表现见图 5－5。

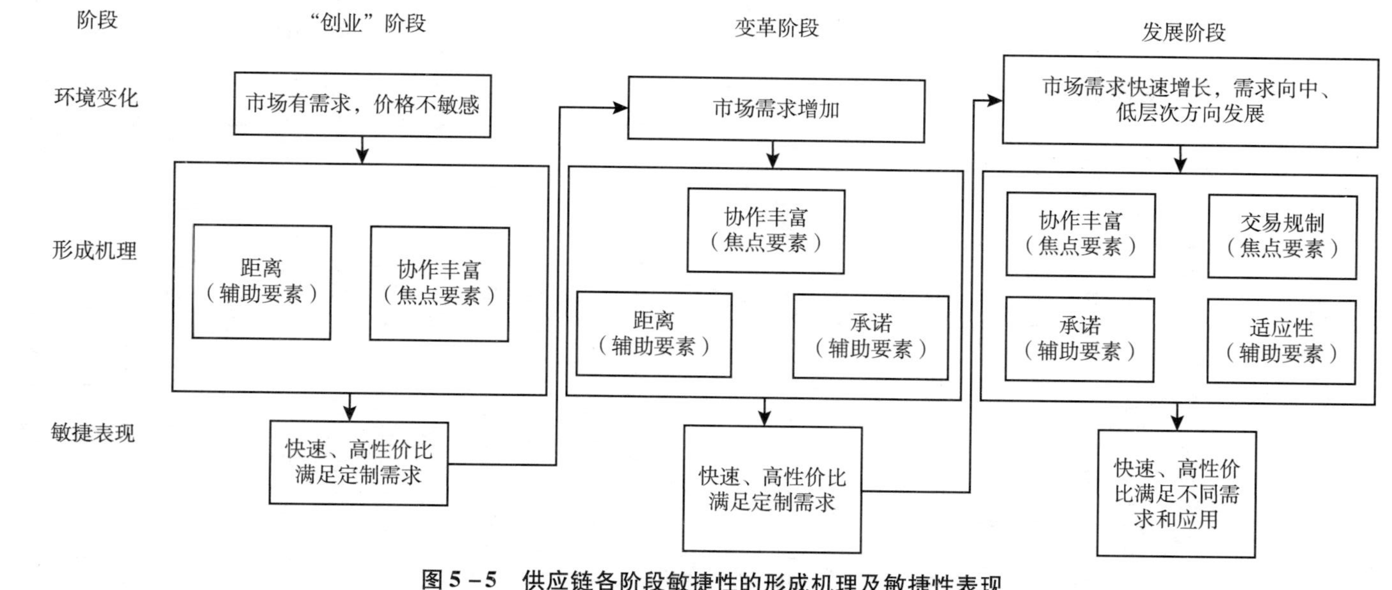

图 5－5　供应链各阶段敏捷性的形成机理及敏捷性表现

资料来源：笔者绘制。

5.4　本章小结

本章采用探索性单案例研究方法，采用合作关系视角，探讨复杂消费产品企业供应链敏捷性的形成与演化机理。以一家复杂消费产品企业的供应链为样本，使用扎根理论对不同阶段的多个来源数据进行分析，包括开放式编码、主轴编码和选择式编码三个步骤。其中，通过开放性编码，得到第一个阶段 152 个概念和 11 个范畴，第二阶段 162 个概念和 10 个范畴，以及第三阶段 171 个概念和 12 个范畴。在此基础上，运用 Rost. CM 内容分析软件辅助进行主轴编码，第一阶段的 11 个副范畴被归纳到 3 个主范畴中，第二阶段的 10 个副范畴被归纳到 4 主范畴中，第三阶段的 12 个副范畴被归纳到 5 个主范畴中。最后通过选择式编码，对几个阶段主范畴间的基本逻辑关系进行进一步分析，得到如下研究结论。

（1）距离、协作丰富、承诺、适应性和交易规制影响复杂消费产品企业供应链敏捷性的形成。其中，距离优势保证了合作企业行为的一致性和协调性，并降低了交易成本和交易时间；企业之间以价格红利为主要表现形式的承诺提高了产品的性价比；基于适应关系，合作伙伴愿意将有用的信息提供给对方，并对生产系统进行调整及投资以适应对方需求，从而加快供应链的反应速度；此外，丰富的合作能够获取多种类型的资源和信息，具有协作关系的企业努力发挥自身优势以促成对方目标的实现，合作关系会在各方不断的相互支持与帮助中得到加强，为供应链带来互利共赢的正向影响；最后，交易规制的出现进一步加快了供应链企业的交易速度，降低了交易成本。

（2）复杂消费产品企业供应链敏捷性的各个影响要素并不具有相同的重要性，而是分为辅助要素和焦点要素。一方面，对于距离要素，随着供应链以及市场覆盖面积的不断扩大，其对供应链敏捷性的影响强度逐渐变弱，因此，距离不作为供应链敏捷性的焦点要素。另一方面，对于承诺和适应性要素，由于他们往往受到协作丰富和交易规制等的影响，即随着关系数量的增加，核心企业与更多具有相同资源的伙伴建立联系，这些伙伴由于提供相似的产品和服务而提高了核心企业的讨价还价能力，进而促进价格红利的形成。这一过程表明，合作企业之间承诺的出现有赖于关系数量的多少和丰富性。

此外，供应链企业在长期的合作过程中会形成强关系，这种强关系，一方面有利于企业之间进行丰富而高效的交易，另一方面则促进了核心企业与供应链企业之间的沟通与支持。在这种交易过程中，供应链企业各方逐渐表现出对彼此特殊供应或需求的适应。进一步地，合作企业之间的交易规制使他们不需要进行过多的谈判，而是普遍实行“明码实价”，从而使供应链企业将更多的时间用于相互之间的协作与适应以及关系的建立。与此同时，资源是供应链价值的决定性因素，丰富的协作关系解决了供应链资源的不足，交易规制解决了企业之间交易摩擦所造成的供应链耗损，保存了供应链的价值。因此，协作丰富和交易规制是影响供应链敏捷性的焦点要素，对实现供应链敏捷性具有决定作用。

（3）在不同阶段，焦点要素和辅助要素表现出演化的特征，而不是固定不变。从供应链初期的距离、协作丰富向协作丰富、距离、承诺和协作丰富、承诺、适应性和交易规制演化。在供应链形成初期，虽然协作关系的数量和丰富度并不高，但这些关系能够带来决定供应链价值的资源和信息。所以在初期，帮助供应链实现敏捷性的焦点因素以协作丰富为主。此外，在初始阶段，由于供应链管理与运行机制并不成熟，依靠距离优势能够弥补内部适应性，带来成本与时间的“红利”。随着供应链进入变革和发展期，协作企业丰富而长期的合作以及相互之间的信任使供应链逐渐获得承诺和适应性关系，同时在区域整体氛围的影响下发展出特定区域的交易规制。随着供应链关系的丰富，这些关系就逐渐代替距离成为供应链敏捷性的形成要素。

此时，供应链在协作、承诺、适应和地区交易规制的“内核”集成作用下，不断吸收新的合作伙伴，并继续获得协作与适应性资源，而这时的合作伙伴已经不仅仅局限于距离上的远近，而是由供应链自身的需求决定。

本章的研究结论对合作关系视角下的敏捷供应链研究具有一定的启示，已有敏捷供应链的文献集中在供应链敏捷性的形成机理，并主要从合作关系视角展开，但是，就复杂消费产品企业供应链实现敏捷性的机理，已有研究没有进行详细的解释，关键形成要素还不甚清晰。本章在已有研究的基础上进行了延伸，重点探讨复杂消费产品企业供应链敏捷性的形成机理及其动态演化过程，识别出形成要素的不同作用，进而系统地打开了复杂消费产品企业供应链形成敏捷性的过程中企业合作关系与供应链敏捷表现关系的“黑箱”。

第6章

复杂消费产品企业快速学习的形成与演化机理研究

前述研究对形成复杂消费产品企业核心竞争力的敏捷供应链进行了研究，但要想形成企业的核心竞争力只有它是不够的，还需要结合快速学习和员工的艰苦奋斗态度。其中，快速学习是人们对组织问题进行了解和洞察的过程中所采取的有效学习模式，它能够快速提高复杂消费产品企业的技术能力，帮助其在动态开放环境中获得竞争优势，复杂消费产品企业在技术追赶过程中采用与西方发达国家不同的快速学习模式，主要表现为分拆仿制、反求工程和合作学习等具体形式。分拆仿制和反求工程是通过抽离目标产品的不同特征，确定新产品一个初步的取值范围，从而达到快速模仿吸收已有成功产品的目的。这种开发方法的实质是通过对市场上已有产品的分析来寻找成功产品的特征聚集区，以缩小产品设计的搜寻范围，虽然不能代替研发活动本身，但这一过程能够提高复杂消费产品企业的研发效率，帮助企业快速掌握关键技术知识。合作学习是一种在与国内外企业进行技术合作的过程中所采用的学习方式。通过合作学习，复杂消费产品企业可以参与优秀团队的研发过程，实现“师傅领徒弟”的“干中学”，减少完全自主创新过程中的“瞎子摸象”现象，增强知识获取的速度与效率。此外，合作学习能够使复杂消费产品企业跟踪吸收快速而正确的开发路径和知识，有利于研发人员设计观念的转变和开发手段（工具）的升级，从而进一步提高产品设计速度，降低误差率。为了能够深入探究与发展这一情境因素，从而形成复杂消费产品企业的核心竞争力，本章对复杂消费产品企业快速学习的形成与演化机理进行研究。

主要研究思路是：采用探索性单案例研究方法，利用知识视角，以一家复杂消费产品企业为案例样本。首先根据收集到的资料厘清企业关键事件的时间顺序，然后对每个来源数据进行整理，并通过综合访谈笔录、档案和观察数据以及参考时间线初步建构案例。在整理完数据后，通过开放式编码、主轴编码和选择式编码依次挖掘资料的概念、范畴、主范畴和副范畴、识别故事线和核心范畴。其中，通过开放性编码，得到第一阶段 79 个概念和 7 个范畴，第二阶段 97 个概念和 8 个范畴，第三阶段 78 个概念和 7 个范畴。在此基础上，通过主轴编码，第一阶段的 7 个副范畴被归纳到 3 个主范畴中，第二阶段的 8 个副范畴被归纳到 4 个主范畴中，第三阶段的 7 个副范畴被归纳到 4 个主范畴中。最后通过选择式编码，对几个阶段主范畴间的基本逻辑关系进行进一步分析，得到复杂消费产品企业快速学习的形成与演化机理。

6.1 研究方案

6.1.1 数据分析

鉴于本章的数据和本章的研究问题，正像第 3 章 3.2.2 节所描述的，本章采用探索性单案例研究，与本章使用探索性案例研究方法相呼应，我们使用扎根理论进行案例数据的分析，自下而上建立理论、逐步发展构念、廓清构念间的关系。

(1) 数据整理。分析数据的第一步是根据收集到的资料厘清企业关键事件的时间顺序，构建出一条时间线，同时标注时间线上的关键事件。然后对每个来源数据进行整理，通过综合访谈笔录、档案和观察数据，并参考时间线初步建构案例。

（2）开放式编码：范畴提取。在整理完数据后，我们通过开放式编码、主轴编码和选择式编码依次挖掘资料的概念、范畴、主范畴和副范畴、识别故事线和核心范畴。其中，开放式编码是一个将资料打散、赋予概念、范畴，然后再以新的方式重新组合起来的操作化过程。本书主要由3名编码员进行独立编码，在分析过程中，首先对数据来源进行编码，以来源名称命名，如来自访谈的资料编码为FT；然后将资料分解为具有特定内涵的句子或段落并在后面标注提炼的简练概念；最后，范畴化，将概念进行归类，提炼出范畴。在这个过程中，为了满足三角验证的要求，只有被三个以上数据源提及的概念才被归纳为共同范畴。通过开放性编码，最终得到企业不同发展阶段共254个概念和22个范畴。其中，第一个阶段抽象出79个概念和7个范畴，分别为通用设备、通用部件、核心设备、核心部件、购买、直接应用和快速满足需求；第二阶段抽象出97个概念和8个范畴，分别为通用设备、通用部件、核心设备、核心部件、直接应用、模仿创新、快速满足需求和竞争激烈；第三阶段抽象出78个概念和7个范畴，分别为通用设备、通用知识、核心设备、核心知识、外部学习、合作创新和竞争激烈。编码举例见表6－1。

表6－1　　开放式编码举例

典型引用	概念	范畴
"我们搜索全球资源，为我所用，与外部资源合作开发，像意大利ID公司、宾夕法尼亚公司和德国保时捷公司等。我们还建立可用的外部资源库，寻找适合的专家和设计公司进行技术支持，聘请资深的专家团队进行技术指导和控制。"（处长，第三阶段，FT）	资源选择	整合资源
"我们将内外部资源进行匹配，以使其发挥最大的作用。"（技术总监，第三阶段，FT）	资源协调	
"外部环境的预知与判断很重要，而基于这种变化的资源调配、更新与转换则是获取竞争优势的重要因素。"（技术总监，第三阶段，FT）	资源调整	

资料来源：笔者整理。

（3）主轴编码：主范畴提取。主轴编码的主要任务是发现和建立范畴之间的各种联系，以表现资料中各个部分之间的有机联系，发展主范畴和副范畴（Strauss & Corbin，1994），这些联系可以是因果关系、时间先后关系、语义关系、情境关系以及相似关系等（陈向明，2000）。通过主轴编码，第一阶段的7个副范畴被归纳到3个主范畴中，包括通用知识、核心知识和拿来主义；第二阶段的8个副范畴被归纳到4个主范畴中，包括通用知识、核心知识、拿来主义和模仿学习；第三阶段的7个副范畴被归纳到4个主范畴中，包括通用知识、核心知识、拿来主义和合作学习。编码名称及示例参见表6－2。

表6－2　　技术引进阶段主轴编码过程

阶段	副范畴	主范畴	模式内涵
引进技术阶段	通用设备，通用部件	通用知识	主范畴“通用知识”是通用设备或部件所涉及的知识，易于被专业化和购买 副范畴反映了主范畴所应用的设备和部件类型
	核心设备，核心部件	核心知识	主范畴“核心知识”指的是核心部件或设备所涉及的知识，一般由企业内部产生 副范畴是主范畴所应用的设备和部件类型
	直接应用，购买，快速满足需求	拿来主义	主范畴“拿来主义”指的复杂消费产品企业在初期所采用的技术学习方式 副范畴反映了该范畴及其结果的具体表现

资料来源：笔者整理。

（4）选择编码：核心范畴的形成 。选择编码是在所有已发现的概念类属中经过系统分析后选择一个或几个“核心类属”，即发展更加抽象的类别。与其他类属相比，核心类属具有统领性，能够将大部分研究结果囊括在一个比较宽泛的理论范围之内，就像一个渔网的拉线，核心类属可以把所有其他的类属串成一个整体拎起来，起到“提纲挈领”的作用（陈向明，2000）。在主轴编码的基础上，结合访谈资料，对几个主范畴间的基本逻辑关系进行进一步分析，可以得到三个阶段的对应“故事线”：引进技术阶段，复杂消费产品企业通过对涉及通用和核心知识的产品部件和设备采用的拿来主义，实现了技术的“快速学习”与追赶；技术吸收与创新阶段，复杂消费产品企业通过对涉及通用知识的产品部件及设备采用的以拿来主义为辅，模仿学习为主的学习形式，对涉及核心知识的部件及设备采用的拿来主义为主，模仿学习为辅的学习形式，实现了技术的快速学习与追赶；合作开发阶段，复杂消费产品企业通过对涉及通用知识的产品部件及设备采用的拿来主义为主，模仿学习为辅的学习形式，对涉及核心知识的部件及设备采用的拿来主义为辅，合作学习为主的学习形式，实现了技术的快速学习与追赶。据此，选择式编码得到的三个阶段的核心范畴为：通过对涉及不同知识的产品和设备采用不同的快速学习方式，复杂消费产品企业实现了快速学习。

6.1.2　信度与效度检验

（1）编码前测信度与效度检验。在正式编码前首先进行信度与效度的检验，作者从数据资料中随机抽取部分资料作为前测样本，由3位编码员按照编码要求依次进行编码，并将结果依据霍斯提提出的相互同意度及信度公式进行计算（Holsti，1970）。通过计算，得到平均相互同意度为 $\bar{K}=\frac{0.772+0.839+0.889}{3}=0.833$，分析者信度为 $R=\frac{3\times0.833}{1+2\times0.833}=0.937$，计算结果均比0.9高，显示3位编码员归类的一致性较高，可正式进行编码工作（见表6－3）。

表6－3　　编码相互判断同意度

类别	编码员1	编码员2	编码员3
编码员1	1	0.772	0.839
编码员2		1	0.889
编码员3			1

资料来源：笔者整理。

此外，研究团队其他9位成员对其内容效度进行评价并得出内容效度化系数（CVR）为1。因此，编码也具有较高的效度水平。

（2）正式编码的三角验证。在正式编码过程中，本书进一步参考巴顿（1987）对案例的评估研究中四种类型证据三角形的分析，采用其中的资料和研究者三角形实现证据三角形。一方面，对不同访谈来源的资料进行编号，保证同一编码数据至少得到3个数据来源的支持；另一方面，由3名编码员独立进行编码，编码完成后进行比较，编码一致的条目加以保留，对于编码不一致的进行讨论确定保留或删除。

在整个研究过程中，参考殷（2008）和扎根分析的验证工具，我们主要采用以下方式解决潜在偏差，保证研究的信度与效度（见表6-4）。

表6-4　　保证信度与效度的研究策略

检验	案例研究策略	策略所使用的阶段
构建效度	·采用多元的证据来源 试验性访谈，正式访谈，非正式谈话，档案资料，观察资料	资料收集
	·证据和研究者三角形 同一编码条目至少得到3个数据来源的支持，3名编码员独立编码并进行比较，编码一致的条目加以保留，不一致的进行讨论确定保留或删除	资料分析
	·形成证据链 问题—构念—引用语—结论—模型 案例描述过程中，引用大量案例数据库中的证据，并使这些证据能够很好地将实证资料与研究结论联系起来	资料收集 证据分析
	·报告检查 将报告交由案例证据的主要提供者进行检查、核实，并提出有用的建议	撰写报告
内在效度	·编码效度 编码表建立在已有文献基础之上，研究团队其他9位成员对其内容效度进行评价并得出内容效度化系数CVR系数为1	资料分析
外在效度	·理论指导单案例研究 根据已知理论建立研究框架指导单案例研究	研究设计

续表

检验	案例研究策略	策略所使用的阶段
信度	·采用案例研究草案 受访人员列表 访谈问题 资料收集计划：访谈的日期安排，花费的时间，访谈次数 访谈方式：集中于事实、事件和直接解释，采用“法庭询问式”方式	资料收集
	·案例研究数据库 录音，试验性访谈记录，正式访谈记录，观察资料， 档案记录，研究人员描述与分析的资料	资料收集
	·编码信度 前测样本的相互判断同意度大于 0.9	资料分析

资料来源：笔者整理。

6.2　案例描述

HC 汽车成立于 1949 年，于 2002 年成立国有独资公司，旗下共有 3 个汽车品牌。

随着中国经济的快速发展，汽车市场的需求高速增长，加入世界贸易组织（WTO）后，中国市场开放程度加大，政府对本国汽车工业的保护大幅减少，汽车工业柔弱的软肋日益暴露在强大的竞争对手面前。

作为后发企业，要想扭转不利局面，就必须改变企业原有技术和结构中的不利条件。技术能力不仅是具有较高技术特征的复杂消费产品企业实现持续竞争优势的源泉，持续扩张的动力，同时也是其对市场需求进行有效反应的基础。在激烈的市场环境中，HC 汽车与国外企业有明显的技术差距，在短时间内提升技术能力就成为企业的主导任务。因此，从 1989 年开始，HC 汽车开始进行技术的引进与学习，在短时间内实现了技术能力的提升和核心技术的突破，这一快速学习的过程如下。

6.2.1 引进技术阶段的组织学习

中国实行改革开放后，与发达国家的技术差距显现，解决汽车产品的生产管理和质量问题以及提升产品技术水平成为急需解决的问题。同时，20世纪80年代，中国汽车行业进入高速发展期，存在着巨大的需求空间，正在形成的市场经济需要不断地进行产品创新才能满足消费者日益变化的需求。

从1989年开始，HC汽车没有沿用国外企业普遍采用的正向开发模式，而是引进日本轻型客车的技术，包括精密生产方式和质量体系，利用日本的图纸，购买零部件直接进行生产。这样不仅节约了开发时间，使企业迅速占领市场，同时在短时间内提升了产品质量。在这一阶段中，产品的知识与学习形式见图6－1。

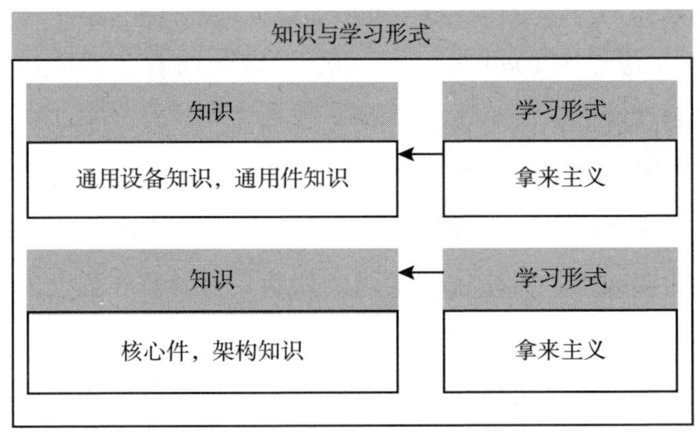

图6－1　技术引进阶段的产品知识与学习形式

资料来源：笔者整理。

6.2.2 技术吸收和创新阶段的组织学习

中国巨大的市场规模以及辽阔的地域使得消费者的需求显示出丰富的变化和显著的差异（Mu & Lee，2005；Xie & Wu，2003；Guennif & Ramani，2012)，这导致很多国外的技术和产品在中国不适用(Liu，2010)。对于本土企业来说，在快速提升技术能力基础上对市场相关知识的灵活应用非常重要（吴东、吴晓波，2013)。因此，在自主创新愿景的驱使下，HC 汽车一方面采用“站在巨人肩膀上”吸收技术的方式，通过反求工程等模仿学习快速掌握小部分难以理解的核心技术和大部分简单通用技术；另一方面，依靠对本土市场的认知优势，转向以自我为主导的“再创新”，开发大量针对国内市场的海狮改型产品以及多种衍生车型，在获得市场优势的同时逐步摆脱对丰田的技术依赖。此外，为了迅速占领市场，HC 汽车购买少部分通用设备和通用零部件进行生产，大大节约了产品上市时间，在这一阶段中，产品的知识与学习形式见图 6 - 2。

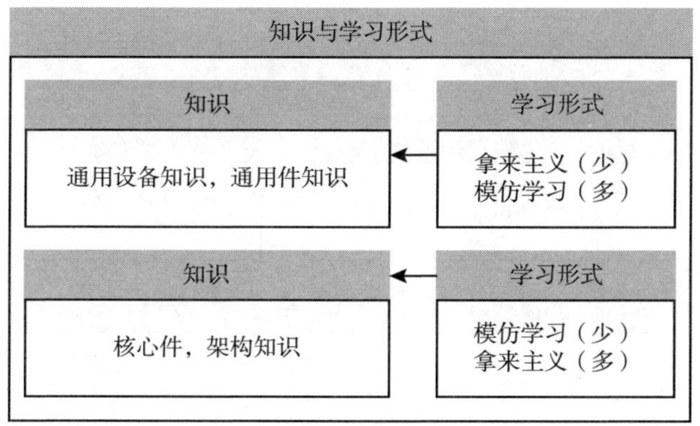

图 6 - 2　吸收阶段的产品知识与学习形式

资料来源：笔者整理。

6.2.3　合作开发阶段的组织学习

这一时期，汽车市场需求的快速增加，吸引了大量外国企业以及本土企业进入中国市场，随着外国企业对中国市场的了解，本土企业的市场知识优势逐渐减弱，对于中国企业来说，必须加快提升技术能力尤其是能够决定市场竞争力的核心技术能力，基于此，HC 汽车与国内外优秀的设计公司建立了合作伙伴关系，如宾夕法尼亚公司和德国保时捷公司等，寻找适合的专家和设计公司进行技术支持。同时聘请资深团队进行技术指导和控制，通过与外部资源建立的多种灵活的合作关系，除了少数在短时间内需要引入的关键技术外，HC 汽车大部分的核心技术在短时间内得到了显著的提高，在此基础上研发的几款产品都获得了良好的市场反映。例如，HC 汽车与意大利当地的设计公司一起工作，联合开发轿车平台，合作不仅促进了 HC 汽车开发团队的快速形成，对于其平台能力的发展也起到了重要的作用。此外，为了快速满足市场需求以及集中力量学习核心技术，在这一阶段，HC 汽车的大部分通用设备和通用件采用了外部购买的方式。产品的知识与学习形式的具体表现见图 6 -3。

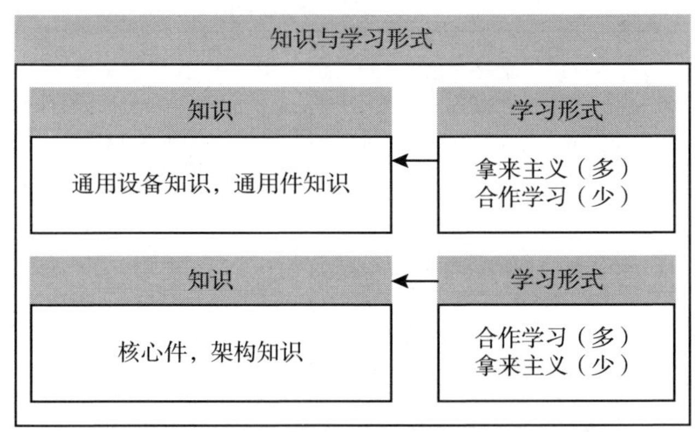

图 6 -3　合作阶段的产品知识与学习形式

资料来源：笔者整理。

6.3　案例讨论

本章通过对引进、吸收和合作阶段中，HC 汽车产品相关知识和学习形式的分析，探讨 HC 汽车快速学习的形成与演化机理。

6.3.1　拿来主义、模仿学习和合作学习奠定了复杂消费产品企业快速学习的基础

拿来主义是不经过学习过程，直接购买产品技术和设备。模仿学习是通过对市场上已有车型的分析和模仿来寻找成功车型的特征聚集区域，从而缩小新车型设计的搜寻范围。合作学习是通过合作、获取技术资源和共同研发来学习技术知识。

拿来主义作为一种采用直接购买而弱化学习的学习形式，一方面能够迅速提高 HC 汽车的产品质量，降低产品成本；另一方面也使企业迅速的完成了“学习”过程，帮助复杂消费产品企业在发展早期，技术差距显著的情况下实现产品的快速上市。例如，哈飞曾花三四年时间自制汽车模具，结果模具还没完全开发出来，别人已经从日本引进了“原装货”。模仿学习则如同拆卸一个玩具一样，能够帮助 HC 汽车在短时间内理解产品的内部构造，掌握核心技术知识，并在已有产品的基础上快速开发出适合市场需求的产品。在具备了一定的技术能力之后，HC 汽车开始采用合作学习的形式，合作学习是以 HC 汽车为主导在进行合作开发的过程中所进行的学习，它使 HC 汽车的研发人员真正参与其他企业的研发过程，从而能够深入理解先进企业的研发经验，降低“瞎子摸象”所带来的时间损耗。此外，由于合作所带来的广泛和丰富的技术资源也可以提高技术的吸收速度。这两种学习形式与国外企业普遍使用的正向开发程序相比，能够有效地缩短 HC 汽车的技术学习时间，在激烈的市场竞争中适应市场变化的需求。

6.3.2　基于不同知识的不同学习进一步提高了复杂消费产品企业学习的速度与有效性

我们的数据表明，基于通用知识和核心知识而采用的不同的学习形式加快了企业吸收知识的速度与有效性。

从引进技术阶段、吸收阶段到合作阶段，对于核心关键件，如底盘和发动机，HC 汽车分别采用了拿来主义、拿来主义（为主）和模仿学习以及拿来主义和合作学习（为主）的学习形式；对于通用设备和通用件，HC 汽车主要采用拿来主义、拿来主义和模仿学习（为主）以及拿来主义（为主）和合作学习的学习形式。

在 HC 汽车的初始阶段，一方面，由于拿来主义的学习形式符合后发国家的技术追赶特点，受技术水平限制，后发国家的经济发展一般从获得先进国家的技术开始。另一方面，由于与国外企业存在着巨大的技术差距，为了快速占领市场，必须在短时间内解决产品的质量和研发问题。因此，HC 汽车采用购买核心部件的形式进行生产，从而有效地缩短产品上市时间。但是，由“技术借用论”引进的产品技术与产品研发能力不是一回事，引进物化的产品技术不能带来研发能力的提高，西方发达国家在技术输出的同时不可能输出技术能力，而产品开发过程涉及众多隐性的技术知识，只有通过开发实践才能获得。单纯依靠拿来主义会导致企业陷入引进、落后、再引进、再落后的怪圈（路风，2006）。因此，要想真正实现自主创新和变化市场中技术的灵活运用，从而迅速的占领市场，必须在真正吸收先进技术知识的基础上加快学习速度。此外，与通用知识相比，核心技术决定了一个企业在市场和技术中的控制权，因此，核心技术的快速学习就成为 HC 汽车获取竞争优势的重要基础，为了实现这一目标，在技术学习早期，HC 汽车采用了少数核心技术模仿学习的形式，因为在企业技术能力薄弱的情况下，进行大规模核心技术的学习不仅会耗费企业大量的资源和时间，同时会降低企业产品开发的速度。在 HC 汽车具备了一定的技术能力之后，大规模核心技术的快速学习才可以相应展开，此时，比模仿学习更有效的合作学习成为主要的学习形式，技术能力的掌握也使企业在合作学习过程中能够主导学习过程，减少受其他主体控制的风险。

通用设备和通用件存在专业的制造企业，他们基于明确的分工和长期积累的设计与制造的技术，能够为 HC 汽车提供高质量和低成本的产品设备与部件，这些通用设备与部件所涉及的通用知识具有标准性和统一性等特征，因此，不能为企业带来独特的产品竞争优势。在企业发展的初始阶段，通过购买通用设备和通用件不仅能够提高产品质量，还可以缩短产品上市时间。在技术吸收阶段，由于通用设备和通用件所涉及的知识相较于核心知识更易获取和掌握，而知识是阶梯式演进的，即从简单到复杂，因此对这些简单部件的大规模学习可以快速提高 HC 汽车的技术基础，从而有助于核心技术的吸收，通过一段时间的学习，HC 汽车的技术能力有了显著的提高，但是，与国外企业相比，核心技术能力仍然比较薄弱，而本土市场知识也逐渐被国外企业所掌握，因此，核心技术能力的提升对于 HC 汽车来说至关重要，通过购买大部分的通用设备和通用件，将企业有限的资源集中于核心技术的学习，可以加快企业核心技术的吸收速度，从而在缩短技术学习时间的同时提高学习的有效性。

综上所述，复杂消费产品企业之所以能够实现快速学习，是由于其在各阶段对通用知识和核心知识分别采用不同的学习形式，从而加快了吸收知识的速度与有效性。因此，可以得出各阶段快速学习的形成与演化机理（见图 6－4 和表 6－5）。

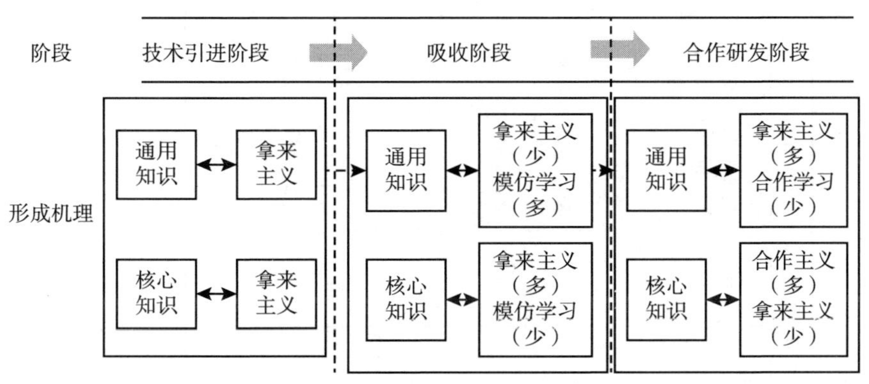

图 6－4 复杂消费产品企业各阶段快速学习的形成与演化机理

资料来源：笔者整理。

表 6－5　企业各阶段的知识与学习形式

阶段	通用知识	拿来主义	作用	援引	核心知识	拿来主义	作用	援引
技术引进阶段	通用设备或部件所涉及的知识	直接购买而弱化学习过程	迅速提高产品质量，降低产品成本，缩短产品上市时间	“一般零部件我们采用购买的方式，这样可以节省我们的资源和时间。”（处长）	核心设备或部件所涉及的知识知识	直接购买而弱化学习过程	帮助企业在提高产品质量和技术水平的同时实现快速上市，占领市场	“由于开始技术水平与国外有一定差距，因此我们首先引进日本车企的产品，照着图纸来做，这样我们企业的产品质量得到了快速的提升。”（技术总监）
技术吸收与创新阶段	通用知识	拿来主义（少）	迅速提高产品质量，降低产品成本，缩短产品上市时间	“我们与零部件供应商形成战略性合作伙伴关系，从而能够及时获取高质量和低成本的零部件。”（技术总监）	核心知识	拿来主义（多）	迅速提高产品质量，降低产品成本，缩短产品上市时间	“虽然核心技术很重要，但是鉴于我们能力与时间的限制，我们还是主要采用了购买的形式，快速提高产品质量和上市速度。”（处长）
		模仿学习（多）	快速提高企业的技术基础，从而有助于核心技术的吸收	“这些简单的知识在这一阶段我们吸收的很多，将学习的基础打得很厚实。”（员工）		模仿学习（少）	在不耗费企业大量的资源和时间以及不影响企业产品开发的速度基础上，掌握能够带来竞争优势的核心技术知识，依靠本土市场知识优势，开发满足本土需要的产品	“底盘我们直接引进成熟供应商的产品，然后进行匹配与模仿设计，调整参数，使性能得到优化，快速满足消费者的产品需求。”（员工）

续表

阶段	通用知识	拿来主义	作用	援引	核心知识	拿来主义	作用	援引
合作开发阶段	通用知识	拿来主义（多）	集中企业有限的资源至核心技术学习	“供应链企业已经和我们形成了很好的适应关系，它们能够为我们提供合适的零部件。”	核心知识	拿来主义（少）	增强企业市场适应能力，减少由于部分核心技术攻克所耗费的大量时间和成本带来的市场风险	“虽然核心技术的学习很重要，但是一些在长期的实践过程中才能解决的核心技术问题，我们还是采用了购买的形式，并不是不学习，而是希望在能够适应市场变化的前提下对其进行吸收。”（技术总监）
		合作学习（少）	继续增强企业学习的知识基础	“这一阶段，公司的技术能力已经有了很大程度的提高，一些通用件的学习也大为减少，但在实践过程中，这些通用知识的学习有助于产品知识的整体把握。”		合作学习（多）	在一定技术能力的基础上，大量的参与国内、外企业的研发过程，深入理解先进企业的研发经验，快速获取技术知识，弥补本土市场知识优势的不足	“公司与国内外优秀的设计公司建立了合作伙伴关系，如意大利ID公司、宾夕法尼亚公司和德国保时捷公司等。建立可用的外部资源库，寻找适合的专家和设计公司进行技术支持；聘请资深的专家团队进行技术指导和控制，通过与外部资源保持着多种形式、灵活的合作关系，公司自主研发能力得到显著提高，多款产品获得了良好的市场反应。”（处长）

资料来源：笔者整理。

6.4 本章小结

本章采用探索性单案例研究方法，采用知识视角，探讨复杂消费产品企业快速学习的形成与演化机理，以一家复杂消费产品企业为案例样本，首先根据收集到的资料厘清企业关键事件的时间顺序，然后对每个来源数据进行整理，并通过综合访谈笔录、档案和观察数据以及参考时间线初步建构案例。在整理完数据后，通过开放式编码、主轴编码和选择式编码依次挖掘资料的概念、范畴、主范畴和副范畴、识别故事线和核心范畴。其中，通过开放性编码，得到第一阶段 79 个概念和 7 个范畴，第二阶段 97 个概念和 8 个范畴，第三阶段 78 个概念和 7 个范畴。在此基础上，通过主轴编码，第一阶段的 7 个副范畴被归纳到 3 个主范畴中，第二阶段的 8 个副范畴被归纳到 4 个主范畴中，第三阶段的 7 个副范畴被归纳到 4 个主范畴中。最后通过选择式编码，对几个阶段主范畴间的基本逻辑关系进行进一步分析，得到如下研究结论。

（1）拿来主义、模仿学习和合作学习是复杂消费产品企业能够进行快速学习的基础。其中，拿来主义能够在迅速提高企业的产品质量和降低产品成本的基础上，帮助企业在技术差距显著的情况下实现产品的快速上市。模仿学习能够帮助企业在短时间内理解产品的内部构造，掌握核心技术知识，并在已有产品的基础上快速开发出适合市场需求的产品。在掌握一定技术能力的前提下，以企业为主导的合作学习能够使研发人员参与其他企业的研发过程，从而能够深入理解先进企业的研发经验，降低“瞎子摸象”所带来的时间损耗，同时，合作所带来的广泛和丰富的技术资源也可以提高技术的吸收速度。

（2）基于不同知识的不同学习进一步提高了复杂消费产品企业学习的速度与有效性，这里的不同学习包括在各个阶段，不同的学习形式和不同的学习程度两层含义。从引进技术阶段、吸收阶段到合作阶段，核心知识采用拿来主义、拿来主义（为主）和模仿学习以及拿来主义和合作学习（为主）的学习形式，通用知识采用拿来主义、拿来主义和模仿学习（为主）以及拿来主义（为主）和合作学习的学习形式。在初始阶段，拿来主义的学习形式不仅符合后发国家的技术追赶特点，同时能够在短时间内解决产品的质量和研发问题，降低产品成本，缩短上市时间。在技术吸收阶段，核心设备和核心件以拿来主义为主、模仿学习为辅的学习形式能够依靠本土的市场知识，短时间内提供满足市场需求的高性价比产品，并在不耗费企业大量资源和时间以及不影响产品开发速度基础上，掌握能够带来竞争优势的核心技术知识；通用设备和通用件以拿来主义为辅、模仿学习为主的学习形式能够快速提高企业的技术基础，有助于核心技术的吸收，同时缩短产品上市时间。在合作阶段，核心设备和核心件以拿来主义为辅、合作学习为主的学习形式能够深入理解先进企业的研发经验，快速获取技术知识，弥补本土市场知识优势的减弱，同时，增强企业市场适应能力，减少由部分核心技术攻克所耗费的大量时间和成本所带来的市场风险；通用设备和通用件以拿来主义为主、合作学习为辅的学习形式能够集中企业有限的资源至核心技术学习，并继续增强企业学习的知识基础。

本章的研究结论对组织学习的研究具有一定启示：已有研究对组织学习的具体形式和后发企业采取的组织学习模式进行了描述性的解释，但是已有研究缺乏对特定产品企业（复杂消费产品企业）组织学习的形成与演化机理的描述。本章在已有研究的基础上进行了延伸，揭示复杂消费产品企业快速学习的形成机理。并识别出不同阶段形成机理的演化表现。

第7章

复杂消费产品企业员工艰苦奋斗态度的形成机理研究

前述的研究表明，艰苦奋斗态度是一类在领导行为驱动下，员工对工作时间的多投入以及为组织利益而超越个人利益的工作态度。它决定了公司战略的有效性。

具备艰苦奋斗态度的员工表现出工作的持续性和努力等特征，他们一方面愿意留在企业，从而保证了企业研发、管理和生产的一致性，使处于变革环境中的复杂消费产品企业稳定运营。另一方面，员工在完成工作的过程中愿意付出更多的努力，从而弥补技术能力的不足，员工通过自觉加班缩短研发和制造时间，保证产品质量，增强企业运营的效率和效果。此外，这种积极的工作态度使员工表现出更多有利于组织的行为，如协助同事、主动帮助他人和向管理者提出合理化建议等，进而促进企业内部的资源流动，降低交流成本，使复杂消费产品企业获得非合同资源（William & Trochim，1989）。由于“昂贵的”技术能力是处于追赶阶段的复杂消费产品企业所面临的主要瓶颈（Yan & Child，2004），作为一种隐性知识载体，其获得需要长时间的研发实践积累。作为后发企业，中国复杂消费产品企业的技术能力与发达国家相比存在一定的差距，在技术追赶初期，往往面临艰难的研发条件。艰苦奋斗态度使员工和企业坚持走自主开发而不是引进技术的发展路径，克服开发过程中的众多困难，同时，员工为组织利益超越个人利益的努力能够大大缩短企业的技术追赶时间。因此，为了能够深入探究与发展这一情境要素，从而形成复杂消费产品企业的核心竞争力，本章对复杂消费产品企业员工艰苦奋斗态度的形成机理进行研究。

主要研究思路是：运用多案例研究方法，以社会交换理论为基础，从组织支持、变革型领导和艰苦奋斗基因的角度解释复杂消费产品企业员工艰苦奋斗态度的形成机理，以涵盖不同产品类型的三家复杂消费产品企业为案例样本，根据收集到的资料厘清每家企业的关键事件，并构建关键事件的时间线，然后对每个来源数据进行整理，通过综合访谈笔录、档案和观察数据初步建构案例。通过初步的整理与构建，三个案例分别得到 52 页、49 页和 42 页的基础资料，然后对每个案例进行扎根数据分析，自下而上建立理论，逐步发展每个案例的构念、廓清构念间的关系。最后，通过复制逻辑来精炼构念与关系，得到复杂消费产品企业员工艰苦奋斗态度的形成机理。

7.1　研究方案

7.1.1　数据分析

案例法适用于对构念的新内涵和关系、新情境下构念的表现，未曾研究的新构念以及现象背后的原因进行探索性研究，实证研究虽然也具有探索性，但它更加注重检验性（Yin，2008）。本章是对复杂消费产品企业员工艰苦奋斗态度的形成机理进行研究，是对构念的新关系进行探索，因此应采用案例研究方法。此外，多案例研究设计的好处是有利于收集可以对比的数据，得到准确和相对普遍化的理论（Herriott & Firestone，1983）。在对每个案例进行扎根数据分析的基础上通过逐项复制逻辑，能够探索出复杂消费产品企业员工艰苦奋斗态度的形成机理。具体数据分析的第一步是根据收集到的资料厘清每家企业的关键事件，并构建关键事件的时间线，然后对每个来源数据进行整理，通过综合访谈笔录、档案和观察数据初步建构案例，通过初步的整理与构建，三个案例分别得到 82 页、76 页和 89 页的基础资料，并以每个公司为单位将数据与案例历程和关键事件进行综合。然后，我们对每个案例进行分别的扎根分析，自下而上建立理论，逐步发展构念和关系，每个案例都由 3 位编码员进行编码，包括开放式编码、主轴编码和选择式编码等三个步骤，编码过程如下。

（1）开放式编码：范畴提取。正式编码过程包括开放式编码、主轴编码和选择式编码三个步骤，其中，开放式编码是一个将资料打散，赋予概念，然后再以新的方式重新组合起来的操作化过程。在这一过程中，首先对数据来源进行编码，以来源名称命名，如来自处长的访谈资料编码为 FT（CZ），然后将资料分解为具有特定内涵的句子或段落并在后面标注简练概念。最后进行范畴化，即将概念归类提炼出范畴，通过开放性编码，最终得到三家企业不同问题的共 299 个概念和 45 个范畴，以其中一家企业为例，共抽象出 152 个概念和 15 个范畴，分别为实现理想、发展机会、良好报酬、福利、愿景激励、影响力、智力灵活激发、个性化关怀、嵌入中国文化、传统精神、独特表现、努力、能够在艰苦条件下工作、敢于面对困难和为事业牺牲个人利益，开放式编码示例见表 7－1。其中的关键词标注有利于接下来的主轴编码。

表 7－1　　开放式编码示例

典型引用	关键词	一阶概念	范畴
“我们的领导和我们一样加班加点，同甘共苦，有时候比我们工作的时间还长，给我们作出一个很好的榜样，工作需要我们干多长时间，我们就干多长时间！”FT（YG）	同甘｜共苦｜榜样	德行领导	影响力
“我们的老总是一个创新的老总，他非常开明，鼓励我们不断进取，奋发图强。”FT（JSZJ）	创新｜开明｜进取｜奋发	领导魅力	

资料来源：笔者整理。

（2）主轴编码：主范畴提取。主轴编码的任务是发现和建立范畴之间的联系，从而发展主范畴和副范畴。首先借助 Rost. CM 内容分析软件识别高频关键词之间的内在联系，获取对应范畴的关系数据，在此基础上，利用“条件—行动/互动—结果”编码范式（Strauss & Corbin，1994），进一步解析范畴之间的联系。

这一过程的具体步骤如下，由作者本人向 3 名编码员讲解员工积极工作态度等概念，整个讲解过程持续 2 小时，然后对无意义词进行过滤，并借助 Rost. CM 软件中的社会网络和语义网络分析功能对访谈资料进行分析，生成由高频关键词构成的图谱。每个节点代表高频主题词，连线表示两个主题词之间有共现关系（图谱举例见图 7－1）。这些高频关键词的共线关系是进行模式分析的重要数据基础，依据这些关系可以查找对应范畴之间的联系，例如，影响力对应的关键词奋发，与智力灵活激发相对应的关键词创新具有共线关系时，可以推测

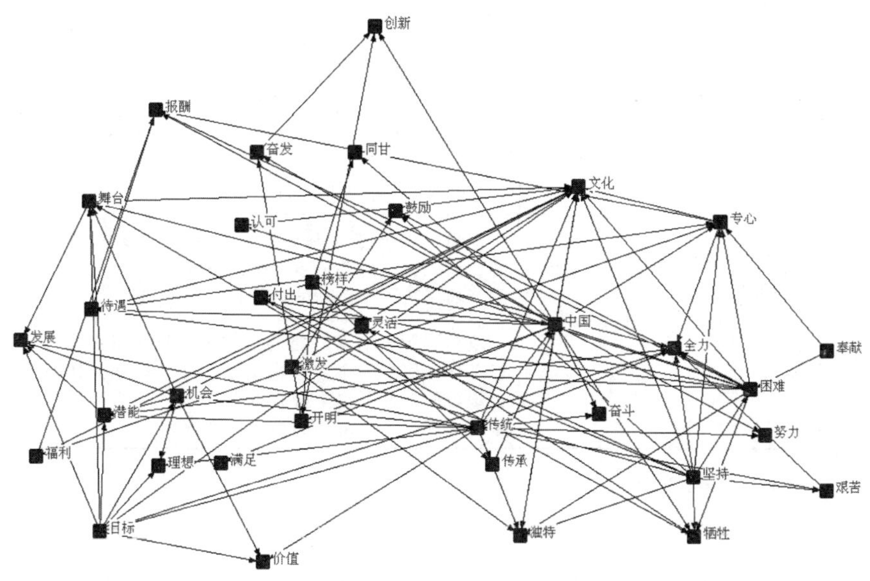

图 7－1　关键词提取

资料来源：笔者整理。

影响力与智力灵活激发具有某种范畴联系，但需要注意的是，某些关键词并不一定被受访者反复提及，因此，高频关键词与开放式编码中标注的关键词存在一部分误差。此外，不同范畴对应关键词存在一定程度的重复，因此，在进行关系分析时，对缺乏对应高频关键词的范畴，需寻找类似含义的词语或返回原始数据进行关系识别，另一方面需借用编码范式回溯访谈资料对各个主范畴和副范畴之间的编码关联进行检验和补充，以保证编码数据的饱和与完整，通过主轴编码，第一家企业的15个副范畴被归纳到4个主范畴中，第二家企业的14个副范畴被归纳到4个主范畴中，第三家企业的16个副范畴被归纳到4个主范畴中，其中，第一家企业依据范式的主轴编码举例见表7－2。

表7－2　　依据内容一致性与范式的主轴编码过程

副范畴	主范畴	模式内涵
实现理想，发展机会，良好报酬，福利	组织支持	主范畴“组织支持”是影响员工工作态度的基础因素，指的是企业为员工提供经济或社会条件，以满足员工的经济及社会需求 副范畴是该范畴所包含的支持内容
愿景激励，影响力，智力灵活激发，个性化关怀	变革型领导	主范畴“变革型领导”指的是领导者通过愿景激励等行为，使员工最大限度地发掘自己的潜力来实现最高水平的绩效表现 副范畴是主范畴的主要行为表现
嵌入中国文化，传统精神，独特表现，努力奋斗	艰苦奋斗基因	主范畴“艰苦奋斗基因”指的是中国人独特具有的，嵌入文化的并传承下来的奋斗表现 副范畴反映了该范畴的具体特征与性质
能够在艰苦条件下工作，敢于面对困难，为事业牺牲个人利益	艰苦奋斗	主范畴“艰苦奋斗”指的是员工尝试尽最大努力做好工作，愿意为企业做出贡献，即使在遇到困难或在艰难的条件下也全身心投入 副范畴反映了该范畴的主要行为表现

资料来源：笔者整理。

（3）选择编码：核心范畴的形成 。选择编码是在所有已发现的概念类属中经过系统分析后选择一个或几个“核心类属”，即发展更加抽象的类别。与其他类属相比，核心类属具有统领性，能够将大部分研究结果囊括在一个比较宽泛的理论范围之内，就像一个渔网的拉线，核心类属可以把所有其他的类属串成一个整体拎起来，起到“提纲挈领”的作用。以第一家企业为例，在主轴编码的基础上，通过对高频关键词构成图谱的分析，发现主范畴对应的关键词群组之间表现出共线关系：包括组织支持，变革型领导与艰苦奋斗，艰苦奋斗基因与组织支持，变革型领导和艰苦奋斗。在此基础上，结合访谈资料，对几个主范畴间的基本逻辑关系进行进一步分析，可以得到如下“故事线”：在组织提供支持的基础之上，通过变革型领导行为实现了对员工努力的有效激发，并通过固有的艰苦奋斗基因实现了艰苦奋斗行为的转化。据此，选择式编码得到的核心范畴为：通过组织支持，变革型领导和艰苦奋斗基因的保健，激励与转化作用，实现员工艰苦奋斗。编码过程和最终编码结果见图7－2。

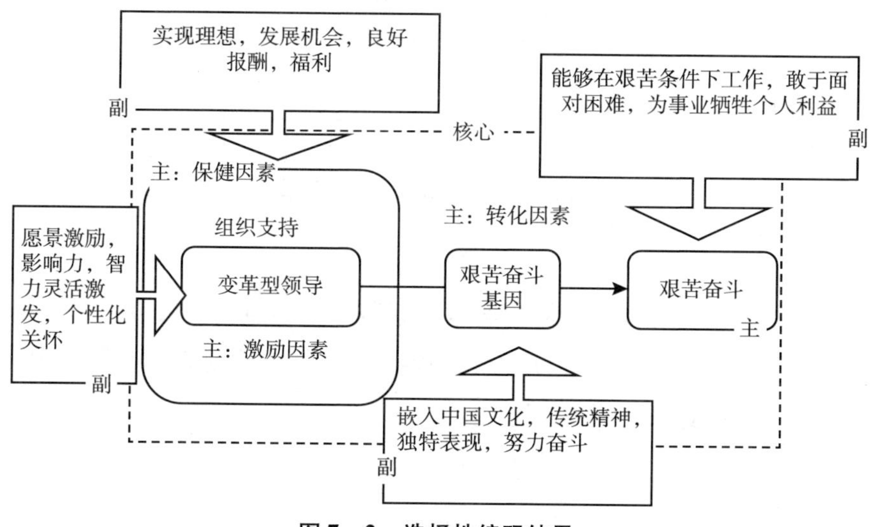

图7－2　选择性编码结果

资料来源：笔者整理。

最后，我们通过复制逻辑来精炼构念与关系：选定一个初始案例，然后检验初始案例的研究成果是否可以推广到剩下的复制案例中，这是一个不断比较的过程，在此过程中经常回到每个案例中去比较和验证具体概念、关系的逻辑是否存在。

7.1.2 信度与效度检验

这一过程的目的是检验编码员将内容归入类目过程中所得结果一致的程度，能够保证编码的信度，从数据资料中随机抽取部分资料作为前测样本，由3位编码员按照要求依次进行编码，并将结果依据霍斯提提出的相互同意度及信度公式进行计算。通过计算，得到平均相互同意度为 $\bar{K}=\frac{0.779+0.829+0.898}{3}=0.835$，分析者信度为 $R=\frac{3\times0.835}{1+2\times0.835}=0.938$，计算结果比0.9高，显示3位编码员归类的一致性较高，可正式进行编码工作（见表7－3）。

表7－3　编码相互判断同意度

类别	编码员1	编码员2	编码员3
编码员1	1	0.779	0.829
编码员2		1	0.898
编码员3			1

资料来源：笔者整理。

此外，本研究通过计算内容效度系数来检验编码的效度。研究团队其他7位成员对内容效度进行评价并得出内容效度化系数（CVR）为1，因此效度水平较高。

7.2 案例描述

7.2.1 HC汽车的案例描述

HC汽车成立于1949年，于2002年成立国有独资公司，旗下有

3 个汽车品牌。

由于技术能力是自主创新的基础，而它源于创新实践，为了能够实现自主汽车品牌，HC 汽车并没有走持续引进技术的道路，而是给员工发挥专长的机会，公司创造良好的研发环境，提供数量巨大的研发项目，“让员工没有忧虑，专心研发，提高能力”。在发展的各个阶段，公司派大批技术人员到国外进行培训，这些和国外技术人员共同工作的经历使研发人员迅速掌握文件中无法包含的隐性知识。此外，公司为生产等基层员工提供良好的待遇和福利，同时不断改善工作条件，如对厂区进行全面绿化和整体翻修、开设茶间让员工补充体力。这些保障员工自我发展与良好经济条件的公司策略有效的防止了员工的不满与离职，在这一大背景下，公司领导进一步为员工描绘“要造中国人自己的车，我们就是中国第一代真正搞自主研发的设计师”的愿景，鼓励员工不断创新，并显示出完成自主创新的决心，由此驱动员工在“引进—消化—吸收”的基础上转向以自我为主导的“再创新”，快速开发多种改型产品和衍生车型，摆脱对国外的技术依赖。公司领导还与员工同甘共苦，帮助员工克服技术能力的不足以及艰苦的研发条件，在员工心目中树立了威信。如在自主创新初期，HC 汽车和意大利联合进行轿车的研发，由于国外的消费水平比较高，“都是背着成箱方便面去的，老总自己背着炉子，副总做饭，为了尽快完成任务，年三十都是在国外度过的”。同时，公司领导经常与员工交流，了解员工工作、生活和家庭情况，并帮助解决这方面的难题，较好地满足了中国员工对关系以及和睦家庭生活的强烈渴望，促使员工为企业发挥最大的能力。此外，由于中国传统文化中存在艰苦奋斗的传统美德，并根植于员工内心，如“天将降大任于斯人也，必先苦其心志，劳其筋骨，饿其体肤，空乏其身”以及“悬梁刺股”等。因此，在企业员工积极工作态度被激发的同时，这种潜在基因也转变为现实的行为，将积极工作态度转化为艰苦奋斗态度。一位员工表示，“领导能够在‘市场换技术’的大背景下，提出自主研发的愿景，鼓励我们创新，我们珍惜自己所干的事情，公司要求 6 月份完成，我们 3 月份就做出来了。”

7.2.2 YL 通信的案例描述

YL 通信创立于 1993 年，是一家致力于智能手机终端、移动数据平台系统和增值业务运营一体化解决方案的公司，近年来，智能终端逐渐成为公司的核心业务。

在进入手机市场之初，YL 通信就致力于打造自主品牌的手机产品，自 1993 年成立后，公司一直从事无线通信系统、设备和手机产品的研发工作。产品及方案大部分由内部研发队伍设计，即使在山寨手机厂商依靠购买核心元件组装产品的高额获利时期，公司依然保持智能手机的自主开发，并为研发和管理人员制定了专门的人才策略，努力方向和评价的标准，“每个台阶需要什么标准都有详细的说明”。同时，公司还有一套适用于各层次员工的长期保障政策，包括参照国内同行最好企业的薪酬体系、年度现金奖励以及舒适的工作环境。YL 通信对不同员工自我实现、发展及良好报酬的满足有效的保障了员工的稳定，在此基础上，领导层制定了“民族最好品牌”的愿景，并表现出进取心和奋发图强的精神，他们不仅与员工一起加班，还攀比加班时间，一个月一个普通管理层的加班时间能达到 100 小时，甚至在吃饭的时候也在谈论工作。此外，公司在 220 人的时候，研发人员就达到了 120 人，公司领导的个人榜样以及对创新的重视驱动员工采用一种更加积极的工作态度，“把自己定位的很高，总觉得能行，傻傻的干，结果真的比别人强”。由此，公司不仅实现了技术积累，提高了产品上市速度，并在性价比、可靠性、功能和应用差异化等方面表现出优势。此外，中国传统文化中存在的艰苦奋斗基因在员工积极工作态度被激发的同时，将其转化为艰苦奋斗态度，即相较于其他员工，中国员工表现一种愿意延长工作时间、迎难而上、适应艰苦环境和勇于牺牲个人利益的独特工作态度。

7.2.3 HE家电的案例描述

HE家电创立于1984年，成立30年来，公司一直从事本土化研发、制造和营销，并取得了很好的成绩。目前，公司在全球有24个工业园、5大研发中心、66个贸易公司，全球用户遍布100多个国家和地区。

从创业初期开始，HE家电就一直坚持创新，并为研发人员提供发展才能的舞台和培训的机会，公司每年组织上百人次的研发人员出国考察，学习掌握世界先进技术，公司为基层员工提供比同类企业更具有优势的薪酬，同时，开展全方位的爱心工程，如提供优质工作餐、举行集体婚礼、定期发放免费洗衣券和美容券及成立专门为员工解除后顾之忧的“排忧解难小分队”等。在管理方面，HE家电采用“赛马机制”，即“你能翻多大跟头，HE家电就给你搭建多大舞台”。赛马机制包含公平竞争、任人唯贤、职适其能、人尽其才和合理流动等，体现出HE家电制度中的公平原则，这些战略与管理机制满足了研发、生产等不同层次员工内心对物质条件和理想愿望的需求，有效地降低了员工的流动与不满。

为了让员工与用户融为一体，公司领导进一步提出了“人单合一”的战略。“人”即员工，“单”不是狭义的订单，而是用户需求。这是一种“双赢”的战略，员工在为用户创造价值的过程中实现自身价值，发挥潜能，人单合一的双赢模式让员工成为自主创新的主体，即“我的用户我创造，我的增值我分享”，员工有权根据市场变化自主决策，并根据为用户创造的价值自己决定收入。“型号经理”“模块经理”“产品经理”是“人单合一”的具体实践，这三个概念是对科研人员的新称呼。其中，“型号经理”处于基础层面，能开发新产品的员工都有可能成为型号经理，型号经理可以自己挑选并组建开发团队，其与团队成员的工资收入与该型号产品的盈亏直接挂钩；模块经理主要从事自主的模块开发，并对型号经理提供技术支持，使其能够从模块库中选择所需的模块进行功能组合；产品经理则是某个区域市场的营销决策者，他们在市场信息上辅助型号经理。这些战略模式的实施为研发与管理人员带来了广阔的创新空间以及可以自由支配的资源，为制造和销售等基础员工带来了自负盈亏的个体利润体系。在此基础上，公司领导鼓励员工进行创业和创新，驱动员工从被动经营变为自主经营，成为自己的 CEO，创造差异化的价值，并通过精神和物质激励进一步对其工作进行及时的肯定，提高了员工的积极性。与 HC 汽车和 YL 通信类似，在中国传统文化的影响下这种工作积极性转化为具有独特性质的艰苦奋斗态度。一位员工表示，“在 HE 家电可以自己决定如何创新，就算给的钱少我也愿意，再苦再累也不怕。我们中国人有这种精神。”

7.3　案例讨论

本书通过对 HC 汽车、YL 通信和 HE 家电三家复杂消费产品企业的多案例归纳分析，对复杂消费产品企业员工艰苦奋斗态度的形成机理进行了探索。三家案例企业虽然在产业领域和企业性质等方面存在着一定程度的不同，但作为具有竞争力的复杂消费产品企业的代表，他们的员工表现出相似的艰苦奋斗态度，并受三个共同的要素影响（见表 7－4）。

7.3.1　组织支持是形成复杂消费产品企业员工艰苦奋斗态度的保健要素

组织支持指的是企业为员工提供的物质和精神条件（见表 7－4），通过提供组织支持，三家企业获得了员工的认同和忠诚，保证了企业的稳定。

表 7－4　　样本企业员工艰苦奋斗态度表现及其形成机理

公司	组织支持	员工认同和忠诚	援引	变革型领导	额外努力	援引	艰苦奋斗基因	艰苦奋斗	援引
HC 汽车	为知识员工提供实现理想、发展机会、培训和符合员工愿景的发展目标。为传统员工提供良好的薪酬和福利	对员工的组织支持与员工内心的基础愿景契合，而使员工认同和接受组织的目标和价值，并留在组织，保持组织的稳定	“在那种合资企业里，虽然收入高些，但技术人员得不到施展，没有做设计的机会，在 HC 汽车，我们可以埋头做技术，我们愿意在这里奋斗。”（员工）	为员工描绘诱人愿景，具备与员工同甘共苦的行为和艰苦奋斗的精神，对员工创新、灵活思考解决问题进行鼓励和激发，与员工沟通交流，生活关怀	领导行为使员工意识到自己对组织的重要作用以及自己工作的重要意义并得到员工的信任和尊重，同时增强了员工对自己完成任务的信心，实现中国员工对关系以及和睦家庭生活的强烈渴望，满足员工自我实现和情感依附等高层次需要，进而激发了员工的额外努力	“第一辆车跟民族情结还是有关系的，领导所描绘的愿景引起大家的共鸣，要把中国人自己的车做好。”（员工）	受传统文化影响的中国员工特有的艰苦奋斗基因，一种嵌入中国传统文化的员工标记，表现为在艰难条件下的奋发努力以及员工对组织的奉献精神	在满足员工交换条件的基础上，艰苦奋斗的潜在基因成为现实的行动，将员工回报由认同和额外的努力转变为艰苦奋斗	“中国人有这种奋斗的精神，一代代传承下来，但是这种精神需要被激发。”（技术总监）
HE 家电	为知识员工提供发展的机会，培训，进行自主产品设计和公平的环境。为传统员工提供良好的薪酬与福利，公平的环境	√	“不管是谁，都希望企业能够提供满足内心需求的条件，这也是他们留在企业的原因。”（基层管理人员）	与员工同甘共苦，具备艰苦奋斗的精神，鼓励员工创新，灵活思考解决问题，采用人单合一的个性化关怀	领导行为增强了员工对自己完成任务的信心，表明其对员工能力的信任以及对员工想法和行为的支持，增强了员工的工作独立性，这些行为满足了员工自我实现、自我决定性和情感依附等高层次需要，进而激发了员工的额外努力	“人单合一让我们成为自主创新的主体，这充分激发了我们的潜力。”（员工）	√	√	“虽然艰苦奋斗精神在新一代的员工身上有些消退，但是，它确实存在于中国人的骨髓里。”（基层管理人员）

续表

公司	组织支持	员工认同和忠诚	援引	变革型领导	额外努力	援引	艰苦奋斗基因	艰苦奋斗	援引
YL通信	为知识员工提供具有挑战性的工作，成就感，职业生涯发展	√	“公司使我们能够持续进行手机研发，保持稳定的研发队伍，同时为我们提供良好的工作前景，这都使我们不愿意跳槽。”（员工）	为员工描绘诱人愿景与员工同甘共苦，具备艰苦奋斗的精神，对员工创新和灵活思考解决问题进行鼓励和激发	领导行为使员工意识到自己对组织的重要作用以及自己工作的重要意义并得到员工的信任和尊重，同时增强员工对自己完成任务的能力的信心，满足了员工自我实现和情感依附等高层次需要，进而激发了其为实现组织的目标而付出额外的努力	“领导和我们一样加班，有时候比我们工作的时间还长，工作需要我们干多长时间，我们就干多长时间。”	√	√	“中国员工确实与国外员工有一些不同，他们对环境的要求不是很苛刻，能吃苦，也肯干。”（员工）

注：“√”表明内容与上一行相同。
资料来源：笔者整理。

社会交换是一种利益互惠行为，其完整过程包括几个必要的条件。首先，互利双方必须有基本的需求，即员工和组织有进行交换的欲望，这是隐含的交换动力；其次，双方能够给对方提供合适的诱因（如物质诱因、发展机会和交流条件等）；最后，双方对这种诱因进行评价，如果感觉满足了需求，就会作出回报（贡献）。案例数据表明，研发、管理等知识员工和生产等传统员工具有不同的组织目标，大部分研发和管理人员具有“自主创新，发挥专长”的愿景，而进行产品生产等基础作业的员工则更希望在报酬和福利方面得到满足，这些不同的愿景是特定类型员工持有的不同景象，是发自内心想要达成的基本愿望。鉴于此，三家案例企业为知识员工提供发展的机会，鼓励员工进行自主创新。其中，HC 汽车为研发和管理人员设定符合自己目标的发展路径。HE 家电在管理中采用赛马机制为员工带来公平竞争的环境。YL 通信没有应用当时手机企业普遍采用的外部技术整合战略进而忽视研发和管理人员，而是为他们提供自主研发和实现管理价值的舞台。此外，除了以知识员工为主的 YL 通信，HC 汽车和 HE 家电为生产等传统员工提供了良好的薪酬和满足中国人需要的福利。这些对知识和传统员工提供的组织支持与员工内心的愿景相契合，根据社会交换理论，使他们认同和忠诚于企业，接受企业的目标和价值，保证企业经营的稳定。这些组织支持非常重要，缺乏有效的组织支持，员工的基本需求就无法满足，交换行为就不能发生，在这种情况下企业会失去稳定性。

7.3.2　变革型领导是形成复杂消费产品企业员工艰苦奋斗态度的激励要素

变革型领导指的是领导者通过影响力、愿景激励、个性化关怀和智力灵活激发，使员工最大限度地发掘自己的潜力来实现高水平的绩效表现，三家企业通过变革型领导激发了员工的额外努力（见表 7－4）。

案例数据表明，三家企业的变革型领导为员工描绘的诱人愿景使其意识到自己对组织的重要作用以及工作的重要意义，满足了员工自我实现等高层次需要，根据社会交换理论，能够激励其为实现企业目标而付出额外的努力。例如，HC 汽车领导提出“造中国人自己的车”的愿景，鼓励员工成为“中国第一代真正搞自主研发的设计师”，使员工了解自己工作的重要价值，感觉自己是企业愿景中的利益相关者，进而克服艰苦的工作环境，“加班加点”完成企业的研发目标。领导所具备的与员工同甘共苦的行为和奋发图强的精神能够得到员工的信任和尊重，与员工沟通、了解工作、生活和家庭情况，并帮助解决这方面难题的个性化关怀则实现了中国员工对关系以及和睦家庭生活的强烈渴望，满足了员工情感依附等高层次需要，其结果是员工将会超越个人眼前的利益而去追求领导者所提出的使命和目标。例如，YL 通信领导与员工一起加班，一个月一个普通管理层的加班时间能达到 100 小时，员工受这种角色典范的影响，崇拜并跟随领导的行为，自觉增加工作时间，超额完成任务。HE 家电领导讲究“三心换一心”：“解决疾苦要热心、批评错误要诚心、做思想工作要知心”。这些具有东方儒家文化价值观的领导行为，是家文化的典型体现，满足了中国员工的情感需要，能够换来员工对企业的“铁心”。此外，对员工创新、灵活思考问题的鼓励和激发以及对员工能力的信任能够让其去追求并满足自己的智力好奇心，增强员工完成任务的信念，保证员工的工作的独立性，满足其自我决定性等高层次需要，从而使员工专注于自己的工作任务，激发额外的努力。例如，HE 领导所采用的“人单合一”战略，让员工成为自主创新的主体，有权根据市场变化进行决策，这种对员工能力的高期望激发了员工的潜力。

综合以上可以得出形成复杂消费产品企业员工积极工作态度的二维组合图（见图 7－3），即企业为员工提供的物质或理想支持是实现员工认同和忠诚的交换因素，它保证了企业的稳定性，在此基础上，企业通过变革型领导满足了员工的高层次需求，并最终带来了员工的额外努力。组织支持的缺失会造成员工的离职和企业动荡，从而使其失去获得员工积极工作态度的基础，这种情况下，即使存在变革型领导也无法实现员工的额外努力。而在提供组织支持的基础上，变革型领导的缺失则会使组织失去激励因素而仅仅获得员工的认同与忠诚。

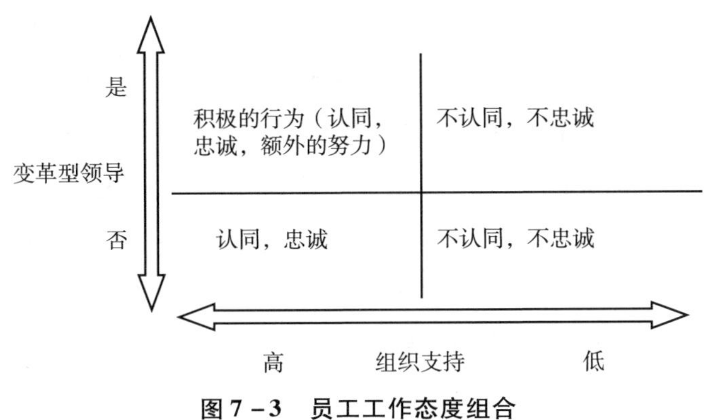

图 7－3　员工工作态度组合

资料来源：笔者整理。

7.3.3　艰苦奋斗基因是形成复杂消费产品企业员工艰苦奋斗态度的转化要素

作为中国企业，案例样本的员工普遍存在艰苦奋斗基因，这是一种嵌入中国传统文化的员工标记，是在长期的文化影响与塑造中形成的，表现为在艰苦条件下的奋发努力和组织奉献。在一般情况下，这种基因作为一种潜在要素不会表现出来，但在满足员工交换条件的情况下，由于员工的积极工作态度被激发出来，这种潜在的基因就随之成为现实的行动，将员工回报由认同和额外努力转变为艰苦奋斗。如 YL 通信员工所描述的典型事件："为了做 Andrio 产品，在当时比较落后的情况下，领导组织了很多人一起到宾馆——一个超级封闭的位置，在那儿，一个月加班 280 小时算少的，除了睡觉，其他时间都在研发，领导也不例外，我们两个半月完成了其他公司七个月的工作，国外企业是不会做到这种速度的，因为他们习惯8小时的工作，我们从小就受这种艰苦奋斗的教育，这是一种精神，一种文化。”

综合以上可知，组织支持作为一种基本需求的满足虽然没有带来直接的员工积极工作态度，但它却是企业员工组织认同和忠诚的交换因素，是保证组织稳定性的条件，这种因素的缺失会造成员工的离职和组织动荡，从而失去获得员工积极工作态度的基础。因此，组织支持是形成企业员工积极工作态度的保健因素；变革型领导满足了员工的高层次需求，是企业员工额外努力的交换因素，这种因素的缺失会使领导与员工的关系呈现一种平衡趋势而无法带来额外努力。因此，变革型领导是形成企业员工积极工作态度的激励因素。同时，艰苦奋斗基因将员工的积极工作态度进一步转化为具有中国情境特色的艰苦奋斗，对于这一转化因素的有趣证据是，中国复杂消费产品企业为国外员工提供了交换条件，但由于其不具备这种基因，虽然有额外的努力，但却没有表现出艰苦奋斗；相反，他们对工作环境要求严格，也很少加班。每家样本企业员工的艰苦奋斗态度的表现及其形成因素的作用机理见表7－4。综合上述研究可以得到复杂消费产品企业员工艰苦奋斗态度的形成机理见图7－4。

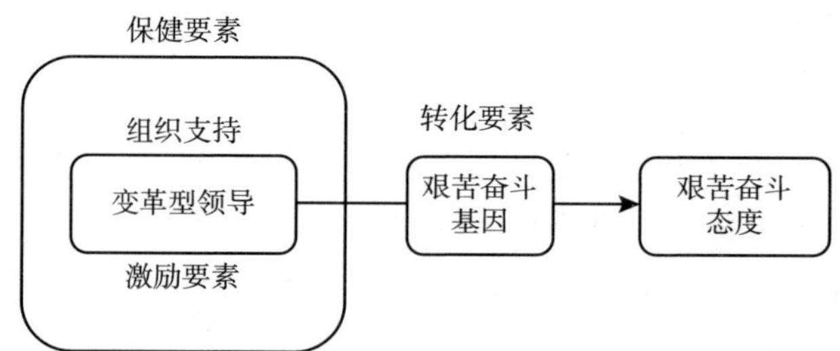

图7－4 复杂消费产品企业员工艰苦奋斗态度的形成机理

资料来源：笔者整理。

7.4　本章小结

本章采用归纳性多案例研究方法，以社会交换理论为基础，从组织支持、变革型领导和艰苦奋斗基因的角度解释复杂消费产品企业员工艰苦奋斗态度的形成机理。以涵盖不同产品类型的三家复杂消费产品企业为案例样本，根据收集到的资料理清每家企业的关键事件，构建关键事件的时间线，对每个来源数据进行整理，通过综合访谈笔录、档案和观察数据初步建构案例，通过初步的整理与构建。三个案例分别得到 52 页、49 页和 42 页的基础资料，然后对每个案例进行扎根数据分析，自下而上建立理论，逐步发展每个案例的构念、廓清构念间的关系。最后，通过复制逻辑来精炼构念与关系，得到如下研究结论。

（1）组织支持作为一种基本需求的满足条件虽然没有带来直接的员工艰苦奋斗态度，但它却是复杂消费产品企业员工组织认同和忠诚的交换要素，是保证组织稳定性的条件，这种要素的缺失会造成员工的离职和组织的动荡，从而失去获得员工艰苦奋斗态度的基础，因此，组织支持是形成复杂消费产品企业员工艰苦奋斗态度的保健要素。

（2）变革型领导由于满足了员工的高层次需求，从而能够带来员工的额外努力，它是实现复杂消费产品企业员工积极工作态度的交换要素，这种要素的缺失会导致领导与员工之间的关系呈现一种平衡趋势而无法带来员工的额外努力。因此，变革型领导是形成复杂消费产品企业员工艰苦奋斗态度的激励要素。即复杂消费产品企业员工的艰苦奋斗态度是在组织支持的基础上，通过变革型领导所激发的员工额外努力。

（3）艰苦奋斗基因作为一种潜在基因，能够在员工额外努力被激发的同时将员工的积极工作态度进一步转化为具有中国情境特色的艰苦奋斗态度。

本章的研究结论对员工工作态度的研究具有一定的启示：已有员工工作态度的研究集中于工作投入、工作满意、组织承诺和组织公民行为等概念，并主要从社会交换视角展开，缺乏对复杂消费产品企业员工独特工作态度（艰苦奋斗态度）的关注。此外，虽然社会交换理论有助于解释员工工作态度形成的原因，但这一理论并没有对探索出的复杂消费产品企业员工的艰苦奋斗态度进行详细的描述。此外，复杂消费产品企业所发生的一系列事件与现有解释存在一定程度的矛盾。本章在已有研究的基础上进行了延伸，重点探讨复杂消费产品企业员工艰苦奋斗态度的形成机理，揭示了复杂消费产品企业员工艰苦奋斗态度形成的过程中，组织支持、变革型领导、艰苦奋斗基因和艰苦奋斗态度之间的互动关系，进而系统地打开了复杂消费产品企业员工艰苦奋斗态度形成的“黑箱”。

第8章

结论与展望

本章对全书研究的主要结论进行总结，同时提出本书的主要创新点，分析本书的研究局限，最后对未来的研究进行展望。

8.1 主要结论

复杂技术产品是任何个人都无法完全理解并且能跨越时空进行充分沟通的产品。包括复杂装备产品（复杂产品系统）、复杂消费产品、复杂制造设备和复杂 IT 产品。

美国学者卡什等在 20 世纪 90 年代前期已经注意到复杂技术产品对当代经济发展和社会发展的重大影响，其创新和管理也已成为各国实践工作和理论研究关注的焦点。复杂消费产品作为复杂技术产品的一个重要子领域，具有较高技术、高附加值，涉及多种知识和技能，是一类规模化生产的复杂系统，它的竞争能力是中国提高制造业水平、实现技术和经济追赶、促进产业结构升级的重要领域。近年来，中国一些复杂消费产品企业开始表现出一定的竞争力。例如，手机行业中的酷派、中兴和华为，家电行业中的海尔，这些企业的竞争实践不仅推动了中国相应复杂消费产品制造业的发展，而且也为其他复杂消费产品企业的竞争提供了可借鉴的经验和模式。然而，与发达国家相比，我国大部分复杂消费产品企业仍然不具备较强的核心竞争力，复杂消费产品的技术含量不高，长期依赖技术引进，处于全球价值链低端，同时，产品升级换代缓慢，进而严重制约了中国相关产业的发展、制造业产品的升级和在世界制造业价值链体系中地位的攀升。因此，要想完成中国经济发展从依靠简单技术产品向复杂技术产品的转变，必须快速提升复杂消费产品企业的核心竞争力。虽然卡什等学者提出了复杂消费产品的概念，但是已有研究主要从复杂产品系统子类别和具体产品两个视角对复杂技术产品进行分析。由于与复杂产品系统子领域相比，复杂消费产品在技术、生产、市场、竞争与合作和创新等方面均表现出独特的性质。与复杂消费产品的某一具体产品类型相比，这些特征则是各种具体产品特征的交集。因此，复杂技术产品的相关理论不能很好地解释和指导复杂消费产品的管理与实践。此外，虽然已有文献从情境视角清楚地显示了形成企业核心竞争力的关键因素，但对重要产品（复杂消费产品）企业核心竞争力形成过程中依靠何种情境因素这一问题还不甚清楚，而特定产品企业可能具有与“普适”理论完全不同的情境。同时，现有研究多集中于对某一情境因素的探讨，缺乏对多个情境因素及其作用关系的研究，而企业往往受多个情境因素的综合影响，不同情境因素之间也存在一定的逻辑关系，这对于理解核心竞争力的形成至关重要，对这一问题的忽视容易导致对研究问题的不充分解释。并且，现有文献对某一情境因素如何形成的研究还非常有限，这使得进一步深入探究与发展各情境因素存在一定困难。而且，某些情境在不同的阶段受环境条件等的影响往往需要不同的形成要素，因此为了能够深入了解这些情境因素的形成机理，还需对其机理的演化特征进行研究。为此，本研究围绕形成复杂消费产品企业核心竞争力的关键情境要素，各情境要素在促进复杂消费产品企业核心竞争力形成过程中的内在关系，复杂消费产品企业各情境结构维度的形成与演化机理这些核心问题，通过访谈研究和案例研究等多种研究方法，试图识别形成复杂消费产品企业核心竞争力的关键情境要素及机制模型，并揭示各情境要素的形成与演化机理，研究主要得出以下结论：

（1）敏捷供应链、快速学习和艰苦奋斗态度是形成复杂消费产品企业核心竞争力的关键情境要素；不同情境要素之间相互作用进一步增强了复杂消费产品企业的核心竞争力。其中，艰苦奋斗态度通过提高快速学习的技术吸收速度以及敏捷供应链内各企业的反应速度和技术能力影响复杂消费产品企业的核心竞争力，快速学习与敏捷供应链相互作用增强对复杂消费产品企业核心竞争力的影响。

具备敏捷特性的供应链能够迅速调动全球范围内的合作资源对包含技术、材料开发、市场和客户期望等方面的变化进行追踪，并将相互关联的研发与工厂组织起来，使复杂消费产品企业快速满足以上变化带来的市场机会。在敏捷供应链中，合作者之间表现出距离、协作丰富、承诺、适应性和交易规制等特征，为复杂消费产品企业创造多种类型的信息和资源，进而增强其在低成本、高质量、高速度、高柔性和产品革新等方面的潜能；快速学习是一系列灵活开发方式的集合，基于这些开发方式能够在短时间内提升后发复杂消费产品企业的技术能力，缩短与领先企业的技术差距，从而能够依靠对本土市场的认知提供贴近消费者需求的产品；具备艰苦奋斗态度的员工认同组织目标，敢于面对困难，为组织利益而超越个人利益，能够保证复杂消费产品企业在研发、管理和生产等方面的一致性和稳定性，提升企业运营速度，弥补原有技术资源的不足。同时帮助企业克服开发过程中的诸多困难，缩短技术追赶时间，并促进内部资源流动，降低交流成本。

在艰苦奋斗态度的感召下，员工乐于付出更多的努力，延长工作时间，进而增强复杂消费产品企业学习的强度。此外，员工会作出有利于企业的行为，促进内部显性和隐性知识的流动，使企业获得非合同知识，丰富组织学习所需的知识基础。具备这种态度的员工能够不受环境条件的影响而保持长期动态的学习，从而提升了企业学习过程中技术知识的吸收速度；同时，在艰苦奋斗态度的驱动下，核心企业和外部供应链企业能够在保证稳定运营和产品质量以及降低产品成本的基础上提高反应速度，增强供应链系统运行的效率和效果。员工表现出的更多有利于组织的行为则加快了知识的吸收速度，进而能够在短时间内提高对供应链敏捷性具有重要影响的技术能力。

快速学习能够在短时间内提高复杂消费产品企业的各项能力，使其识别和赢得最佳合作伙伴，从而降低关系质量的不确定性。此外，知识与信息的快速扩散有利于增强供应链企业之间的适应性和沟通交流，并获得利益相关者的支持与信任，从而提高供应链整体运作效率；敏捷供应链所具有的丰富的协作关系能够创造出多种信息来源，使复杂消费产品企业参与或跟踪更多的研发和生产活动，获得紧跟市场变化的信息，进而增加企业学习的资源与机会，提高企业学习的有效性。

（2）复杂消费产品企业的供应链之所以表现出敏捷性，是由距离、协作丰富、承诺、适应性以及交易规制决定的；这些要素不具有相同的重要性，而是分为辅助要素和焦点要素，同时在供应链发展过程中表现出不同的演化特点。

距离优势保证了合作企业行为的一致性和协调性，降低了交易成本和交易时间；企业之间以价格红利为主要表现形式的承诺提高了产品的性价比；基于适应关系，合作伙伴愿意将有用的信息提供给对方，并对生产系统进行调整及投资以适应对方需求，从而加快了供应链的反应速度；丰富的合作能够获取多种类型的资源和信息，具有协作关系的企业会努力发挥自身优势以促成对方目标的实现，企业之间的合作关系会在各方不断的相互支持与帮助中得到加强，为供应链带来互利共赢的正向影响；交易规制的出现则加快了供应链企业的交易速度，进一步降低了交易成本。

此外，随着供应链企业的增加以及市场覆盖面积的不断扩大，距离要素对供应链敏捷性的影响程度逐渐变弱；对于承诺和适应性要素，他们往往受协作丰富和交易规制等要素的影响：随着关系数量的增加，核心企业与更多具有相同资源的伙伴建立联系，这些伙伴由于提供相似的产品和服务而提高了核心企业的讨价还价能力，进而促进价格红利的形成，这一过程表明，合作企业之间承诺的出现有赖于关系数量的多少和丰富性。此外，供应链企业在长期的合作过程中会形成强关系，这种强关系，一方面有利于企业之间进行丰富而高效的交易，另一方面则促进了企业之间的相互支持与沟通。在这种交易过程中，合作各方逐渐表现出对彼此特殊供应或需求的适应。进一步地，企业之间的交易规制使他们不需要进行过多的谈判，而是普遍实行“明码实价”，从而使供应链企业将更多的时间用于相互之间协作关系的建立与适应。与此同时，资源是供应链价值的决定性因素，丰富的协作关系解决了供应链资源的不足，交易规制降低了企业之间交易摩擦所造成的资源耗损。因此，协作丰富和交易规制是形成供应链敏捷性的焦点要素，对实现供应链敏捷性具有决定作用。距离、承诺和适应性是形成供应链敏捷性的辅助要素。

在供应链发展的不同阶段，焦点要素和辅助要素表现出演化的特征：从供应链初期的距离和协作丰富向协作丰富、距离和承诺以及协作丰富、承诺、适应性和交易规制演化。在供应链形成初期，由于内部管理与运行机制的不成熟，需要依靠距离优势带来成本与时间“红利”，弥补内部适应性的不足，并依靠协作关系带来决定供应链价值的资源和信息；随着供应链进入变革和发展期，协作企业丰富而长期的合作以及相互之间的信任使供应链逐渐获得承诺和适应性关系，同时在区域整体氛围的影响下发展出独特的交易规制，随着供应链关系资源的丰富，这些关系就逐渐代替距离成为供应链敏捷性的形成要素，此时，供应链在协作、承诺、适应地区交易规制的“内核”集成作用下，不断吸收新的合作伙伴，并继续获得协作与适应性资源，而这时的合作伙伴已经不仅仅局限于距离上的远近，而是由供应链自身的需求决定。

（3）拿来主义、模仿学习、合作学习和基于不同知识的不同学习影响复杂消费产品企业快速学习的形成。其中，拿来主义、模仿学习和合作学习奠定了复杂消费产品企业快速学习的基础。而基于不同知识的不同学习则进一步提高了复杂消费产品企业学习的速度与有效性。

拿来主义能够迅速提高产品质量，降低产品成本，帮助复杂消费产品企业在技术差距显著的情况下实现产品的快速上市。模仿学习能够帮助企业在短时间内掌握内部构造和隐性技术知识，并使复杂消费产品企业在已有技术的基础上快速开发出适合市场需求的产品。进一步地，在掌握一定技术知识的前提下，以企业为主导的合作学习能够使研发人员参与到其他企业的研发过程中，深入理解领先企业的研发经验，降低“瞎子摸象”所带来的时间损耗。同时，合作所带来的广泛和丰富的技术资源也有助于提高技术学习的吸收速度。

此外，基于不同知识的不同学习进一步提高了复杂消费产品企业学习的速度与有效性，这里的不同学习包括在各个阶段，不同的学习形式和不同的学习程度两层含义。从引进技术阶段、吸收阶段到合作阶段，核心知识采用拿来主义、拿来主义（为主）和模仿学习以及拿来主义和合作学习（为主）的学习形式；通用设备和通用件采用拿来主义、拿来主义和模仿学习（为主）以及拿来主义（为主）和合作学习的学习形式。在初始阶段，拿来主义的学习形式不仅符合后发国家的技术追赶特点，同时能够在短时间内解决产品的质量和研发问题，降低产品成本，缩短上市时间；在技术吸收阶段，核心设备和核心件的以拿来主义为主、模仿学习为辅的学习形式使企业依靠本土的市场知识，短时间内提供满足市场需求的高性价比产品，并在不耗费企业大量资源和时间以及不影响产品开发速度的基础上，掌握能够带来竞争优势的核心技术。通用设备和通用件以拿来主义为辅、模仿学习为主的学习形式能够快速提高企业的技术基础，有助于核心技术的吸收与利用；在合作阶段，核心设备和核心件的以拿来主义为辅、合作学习为主的学习形式能够深入理解先进企业的研发经验，快速获取核心技术知识，弥补本土市场知识优势的减弱。同时，适量的拿来主义能够增强企业的市场适应能力，降低由耗费大量时间和成本所进行的核心技术攻克带来的市场风险。通用设备和通用件的以拿来主义为主、合作学习为辅的学习形式能够集中企业有限的资源至核心技术学习，并继续增强企业学习的知识基础。

（4）组织支持、变革型领导和艰苦奋斗基因影响复杂消费产品企业员工艰苦奋斗态度的形成。

组织支持作为一种基本需求的满足条件虽然没有带来直接的员工艰苦奋斗态度，但它却是复杂消费产品企业员工组织认同和忠诚的交换要素，是保证组织稳定性的条件，这种要素的缺失会造成员工的离职和组织的动荡，从而失去获得员工艰苦奋斗态度的基础。因此，组织支持是形成复杂消费产品企业员工艰苦奋斗态度的保健要素。变革型领导由于满足了员工的高层次需求，从而能够带来员工的额外努力，它是实现复杂消费产品企业员工额外努力的交换要素。这种要素的缺失会导致领导与员工之间的关系呈现一种平衡趋势而无法带来员工的额外努力。因此，变革型领导是形成复杂消费产品企业员工艰苦奋斗态度的激励要素。即复杂消费产品企业员工的艰苦奋斗态度是在组织支持的基础上，通过变革型领导所激发的员工额外努力。进一步地，艰苦奋斗基因作为一种潜在基因，能够在员工额外努力被激发的同时将其进一步转化为具有中国情境特色的艰苦奋斗态度。因此，艰苦奋斗基因是复杂消费产品企业员工艰苦奋斗态度的转化要素。

此外，由于核心竞争力的形成是一个复杂的问题，除了本书所研究的敏捷供应链、快速学习和艰苦奋斗态度等情境要素，复杂消费产品企业在形成核心竞争力的过程中还需要其他情境要素的支撑，如较低的劳动力成本、文化和广阔的消费者市场等，但前述研究表明敏捷供应链、快速学习和艰苦奋斗态度不仅在复杂消费产品企业核心竞争力形成过程中起到重要而突出的作用，同时这三个要素也极具中国特色，能够反映中国复杂消费产品企业独特核心竞争力的形成过程，因此，本书选定这三个要素进行研究。进一步地，这三个要素仅是现阶段形成中国复杂消费产品企业核心竞争力的情境因素，由于在国际竞争中，越来越多的中国复杂消费产品企业受到核心技术能力和专利的制约，未来的中国企业需要付出更多的努力，打破传统的技术认知和学习惯性，从而不仅仅在消费创新方面具有优势，同时在科学创新和工程创新方面也有所突破。

8.2 主要创新点

第一，探索出形成复杂消费产品企业核心竞争力的三个关键情境要素。

情境理论为企业核心竞争力的形成提供了重要的启示，作为存在于组织内外部的现象和刺激因素，各种独特的情境不仅造成企业许多关键战略要素的区别，而且其他诸多的管理实践也不尽相同，现有研究中，虽然许多学者就形成企业核心竞争力的关键情境要素及其对企业绩效和创新等各种竞争表现的影响展开了广泛的研究，然而鲜有研究对特定产品（复杂消费产品）企业核心竞争力形成过程中依靠何种情境要素提供充分的解释，基于此，本书采用访谈法，选取9家涵盖不同产品类型的复杂消费产品企业，通过扎根理论对形成复杂消费产品企业核心竞争力的关键情境要素进行研究。提出敏捷供应链、快速学习和艰苦奋斗态度是形成复杂消费产品企业核心竞争力的三个关键情境要素。其中，快速学习和艰苦奋斗态度是已有研究中尚未提出的两个关键情境要素，进而从新的视角（情境视角）打开了影响复杂消费产品企业核心竞争力的要素“黑箱”，为其获取持续竞争优势提供新的理论解释。

第二，构建了基于情境的复杂消费产品企业核心竞争力形成机制模型。

由于现有研究多集中于对形成企业核心竞争力的某一情境要素的探讨，对多个情境要素及其之间的作用关系尚未进行充分的探讨。因此，本书采用访谈法，针对特定产品（复杂消费产品）企业探讨其核心竞争力的形成机制。在提出三个不同层次情境要素的基础上，分析出敏捷供应链、快速学习和艰苦奋斗态度三个不同层次情境要素之间的互动关系对企业核心竞争力的影响，构建了情境要素对复杂消费产品企业核心竞争力作用的机制模型。本书丰富了已有形成企业核心竞争力的情境要素（敏捷供应链）与新探索出的两个关键情境要素（快速学习和艰苦奋斗态度）之间的影响机理，同时有助于揭示不同情境要素在形成复杂消费产品企业核心竞争力过程中的深层作用机理。

第三，探索出复杂消费产品企业供应链敏捷性、快速学习和员工艰苦奋斗态度的形成与演化机理。

鉴于已有研究鲜有对形成企业核心竞争力的具体情境要素如何形成与演化机理的深入探讨。本书采用案例研究方法，使用扎根理论的开放式编码、主轴编码和选择式编码三个步骤并结合运用 Rost. CM 内容分析软件对多个来源数据进行分析得到复杂消费产品企业供应链敏捷性和快速学习的形成与演化机理，以及艰苦奋斗态度的形成机理。从距离、协作丰富和交易规制三个方面，补充了复杂消费产品企业供应链敏捷性的独特形成机理，探索出形成要素的不同作用，提出协作丰富性和交易规制是实现供应链敏捷性的焦点要素，同时打开复杂消费产品企业供应链形成敏捷性的过程中辅助和焦点要素的动态演化与供应链敏捷表现的“黑箱”；从不同知识的不同学习方面，丰富了快速学习的独特形成机理，识别出复杂消费产品企业形成快速学习的过程中，通用和核心等不同层面的知识与拿来主义、模仿学习和合作学习三种学习形式的动态配置及演化；从艰苦奋斗基因方面揭示了艰苦奋斗态度的独特转化机理，同时将独立作为企业员工工作态度影响要素的组织支持和变革型领导相结合，进而系统的梳理由单一要素无法解答的复杂消费产品企业员工艰苦奋斗态度的形成机理。

8.3 局限与展望

本书基于情境理论研究形成复杂消费产品企业核心竞争力的关键情境要素与机制模型，然后对三个不同情境结构维度的形成与演化机理进行分析，对复杂技术产品领域和情境视角下企业核心竞争力的培育与管理均具有重要意义。但由于时间及作者个人能力等方面的限制，本书仍存在一些不足之处：首先，在访谈研究中可以增加特定企业访谈者的数量，使企业被访人员之间相互验证，增强访谈效度。在第7章揭示复杂消费产品企业员工艰苦奋斗态度的形成机理时，本研究选取三家复杂消费产品企业作为案例对象。为了保证研究的复制逻辑和理论抽样逻辑，在具体抽样过程中，三家企业具有类似的资源、技术先进性和人脉，有利于进行多案例复制研究。它们的产品属于复杂消费产品的不同范畴，且涵盖所有类别，依据逐项复制逻辑，这样能够更好地达到多重检验的效果。此外，这三家企业的员工表现出努力拼搏的特质，符合基本研究内容，但本章在类别内没有形成案例复制，因此，未来的研究应进一步增加特定类别的样本数量，以形成类别内的逐项复制或差别复制。本书以一家或几家企业为例得出形成复杂消费产品企业核心竞争力的关键情境要素及机制模型，虽然初步探索出某些复杂消费产品企业具备敏捷供应链、快速学习和艰苦奋斗态度的特征，但由于仅是对几家企业的探索发现，可能受到地域和人群等的影响，不能据此认为是复杂消费产品企业所具有的普遍特征，因此需要进一步的研究。

结合本书研究思路和研究内容，以下研究内容有待进一步深化和完善：

复杂消费产品企业核心竞争力的形成是一个复杂的问题，除了本书所研究的敏捷供应链、快速学习和艰苦奋斗态度等情境要素，复杂消费产品企业在形成核心竞争力的过程中还需要其他情境要素的支撑。因此，有必要进一步探析其他情境维度对复杂消费产品企业核心竞争力的影响作用，并考虑建立更为完善的复杂消费产品企业核心竞争力的形成机制模型。此外，对敏捷供应链、快速学习和艰苦奋斗态度形成要素的深刻内涵也需要进一步的研究探索。

参考文献

[1] 巴顿. 质的评鉴与研究 [M]. 台北：桂冠图书公司，1990.

[2] 蔡铂，聂鸣. 社会网络对产业集群技术创新的影响 [J]. 科学学与科学技术管理，2003，24 (7)：57 -60.

[3] 蔡昉，王德文，王美艳. 工业竞争力与比较优势——WTO框架下提高我国工业竞争力的方向 [J]. 管理世界，2003 (2)：58 -63.

[4] 陈国权，周为. 领导行为、组织学习能力与组织绩效关系研究 [J]. 科研管理，2009，30 (5)：148 -154.

[5] 陈劲，桂彬旺，陈钰芬. 基于模块化开发的复杂产品系统创新案例研究 [J]. 科研管理，2006，27 (6)：1 -8.

[6] 陈清泰. 促进企业自主创新的政策思考 [J]. 管理世界，2006 (7)：1 -3.

[7] 陈晓萍，徐淑英，樊景立. 组织与管理研究的实证方法 [M]. 北京：北京大学出版社，2010.

[8] 陈永霞，贾良定，李超平，宋继文，张君君. 变革型领导、心理授权与员工的组织承诺：中国情景下的实证研究 [J]. 管理世界，2006 (1)：96 -105.

[9] 戴维斯. 原子中的幽灵. 易心如译 [M]. 长沙：湖南科学技术出版社，1998.

[10] 方志梅，叶飞帆. 敏捷制造环境下供应链管理的几个新问题 [J]. 科研管理，2002，23 (4)：77 -82.

[11] 韩翼，廖建桥．组织承诺研究的综述［J］．人类工效学，2005，11（3）：58－60.

[12] 何爱琴，任佩瑜．组织学习能力对企业战略变革速度的影响关系研究——以352个企业调研数据的实证分析检验为例［J］．情报杂志，2010，29（9）：124－127.

[13] 何轩．互动公平真的就能治疗“沉默”病吗？——以中庸思维作为调节变量的本土实证研究［J］．管理世界，2009（4）：128－134.

[14] 贺小刚，李新春，方海鹰．动态能力的测量与功效：基于中国经验的实证研究［J］．管理世界，2006（3）：94－103.

[15] 华生．华生氏行为主义［M］．陈德荣译．北京：商务印书馆，1933.

[16] 金碚，龚健健．经济走势、政策调控及其对企业竞争力的影响——基于中国行业面板数据的实证分析［J］．中国工业经济，2014（3）：5－17.

[17] 靳庆鲁，孔祥，侯青川．货币政策、民营企业投资效率与公司期权价值［J］．经济研究，2012（5）：96－106.

[18] 鞠芳辉，谢子远，宝贡敏．西方与本土：变革型、家长型领导行为对民营企业绩效影响的比较研究［J］．管理世界，2008（5）：85－101.

[19] 黄江明．中国企业产品创新管理模式研究（一）——以海尔型号经理为例［J］．管理世界，2007（10）：122－129.

[20] 葛建华，王利平．多维环境规制下的组织目标及组织形态演变——基于中国长江三峡集团公司的案例研究［J］．南开管理评论，2011，14（5）：12－23.

[21] 郭熙保．从发展经济学观点看待库兹涅茨假说——兼论中国收入不平等扩大的原因［J］．管理世界，2002（3）66－73.

[22] 蓝海林，宋铁波，曾萍．情境理论化：基于中国企业战略

管理实践的探讨［J］. 管理学报，2012，9（1）：12－16.

［23］雷丁（G. Redding）. 张道敬等译. 海外华人企业家的管理思想—文化背景与风格［M］. 上海：上海三联出版社，1993.

［24］李建华. 现代系统科学与管理［M］. 北京：科学技术文献出版社，1996.

［25］李烨，李传昭，罗婉议. 战略创新，业务转型与民营企业持续成长——格兰仕集团的成长历程及其启示［J］. 管理世界，2005（6）：126－135.

［26］廖成林. 虚拟营销中信任关系的影响因素与机制［J］. 管理世界，2004（6）：149－150.

［27］廖成林，仇明全. 敏捷供应链背景下企业合作关系对企业绩效的影响［J］. 南开管理评论，2007，10（1）：106－110.

［28］林武. 技术与社会［M］. 北京：东方出版社，1989.

［29］刘效广，王艳平. 基于社会交换理论的组织承诺形成机制实证研究［J］. 软科学，2008，22（11）：114－118.

［30］刘小平. 组织承诺研究综述［J］. 心理学动态，1999，7（4）：31－37.

［31］刘小平，王重鸣. 组织承诺及其形成过程研究［J］. 南开管理评论，2001（6）：58－62.

［32］刘训峰，田焱，等. 企业资源构建与战略变化速度关系的实证研究［J］. 西安交通大学学报：社会科学版，2008，28（6）：17－22.

［33］路风. 走向自主创新——寻求中国力量的源泉［M］. 南宁：广西师范大学出版社，2006.

［34］罗党论，刘晓龙. 政治关系、进入壁垒与企业绩效——来自中国民营上市公司的经验证据［J］. 管理世界，2009（5）：97－106.

［35］罗家德. 关系与圈子——中国人工作场域中的圈子现象［J］. 管理学报，2012，9（2）：165－171.

［36］毛基业，李晓燕．理论在案例研究中的作用——中国企业管理案例论坛（2009）综述与范文分析［J］．管理世界，2011（2）：106－113.

［37］欧阳桃花．中国企业产品创新管理模式研究（二）——以海尔模块经理为例［J］．管理世界，2007（10）：130－138.

［38］时勘．高科技企业人员离职行为的预测模型及对策研究［C］．中国人事管理研究中心会论文集，2001.

［39］王永贵，张玉利，等．对组织学习，核心竞争能力，战略柔性与企业竞争绩效的理论剖析与实证研究——探索中国企业增强动态竞争优势之路［J］．南开管理评论，2003（4）：54－80.

［40］王辉，忻蓉，徐淑英．中国企业 CEO 的领导行为及对企业经营业绩的影响［J］．管理世界，2006（4）：87－96.

［41］王晓晖．学习型组织文化的差异与影响研究——基于广东地区国有企业和民营企业样本相比较的实证分析［J］．管理世界，2007（11）：76－86.

［42］王有远，宗文军．基于敏捷供应链的现代物流管理系统研究［J］．现代电子技术，2006（2）：1－3.

［43］王毅．复杂技术创新研究的回顾与前瞻［J］．科学学研究，2007，25（1）：157－164.

［44］吴东，吴晓波．技术追赶的中国情境及其意义［J］．自然辩证法研究，2013，29（11）：45－50.

［45］吴晓波．全球化制造与二次创新：赢得后发优势［M］．北京：机械工业出版社，2006.

［46］吴晓波，马如飞，毛茜敏．基于二次创新动态过程的组织学习模式演进——杭氧 1996－2008 纵向案例研究［J］．管理世界，2009（2）：152－164.

［47］吴伟浩，许庆瑞．中国企业实施事业部制的原因分析和相关探讨［J］．科研管理，1999，20（5）：80－85.

［48］肖媛．基于隐性知识吸收的企业技术能力演化模型研究［J］．科研管理，2006，27（4）：142－148.

［49］谢伟．产业技术学习过程［D］．北京：清华大学博士学位论文，1999.

［50］徐二明，陈茵．中国企业吸收能力对竞争优势的影响［J］．管理科学，2009，22（2）：14－23.

［51］许庆瑞，吴志岩，陈力田．转型经济中企业自主创新能力演化路径及驱动因素分析［J］．管理世界，2013（4）：121－134.

［52］严建援，徐斌．跨组织信息系统对合作组织之间关系的影响［J］．中国软科学，2005（3）：117－125.

［53］杨东，李垣．公司企业家精神、战略联盟对创新的影响研究［J］．科学学研究，2008，26（5）：1114－1118.

［54］杨俊，张玉利，等．关系强度、关系资源与新企业绩效——基于行为视角的实证研究［J］．南开管理评论，2009，12（4）：44－54.

［55］杨志刚．复杂技术学习和追赶——以中国通信设备制造业为例［M］．北京：知识产权出版社，2008.

［56］余凯成．关于我国企业职工组织归属感研究．中国行为学会“学术通讯”，1985（2）：1－36.

［57］叶仁荪，王玉芹，林泽炎．工作满意度、组织承诺对国企员工离职影响的实证研究［J］．管理世界，2005（3）：122－125.

［58］叶伟巍，郑锦宜．激发高技术企业自主创新的政府采购制度研究［C］．第三届科技政策与管理学术研讨会暨第二届科教发展战略论坛，2007，S1：101－105.

［59］袁庆宏，王双龙，张田．雇员职业生涯发展中职业成长的驱动作用研究——基于 MBA 学员深度访谈与自传资料的案例分析［J］．管理案例研究与评论，2009，2（3）：142－152.

［60］韵江，刘立．创新变迁与能力演化：企业自主创新战略——以中国路明集团为案例［J］．管理世界，2006（12）：115－130.

[61] 张剑，岳红，唐中正. 情绪智力三维结构模型的验证与应用[J]. 管理学报，2009，6（6）：788-793.

[62] 张旭，樊耘，等. 基于自我决定理论的组织承诺形成机制模型构建：以自主需求成为主导需求为背景 [J]. 南开管理评论，2013，16（6）：59-69.

[63] 邹恒甫. 市场竞争意识与中国传统文化的有为主义 [J]. 管理世界，1993（3）：204-209.

[64] 朱平芳，徐伟民. 政府的科技激励政策对大中型工业企业R&D投入及其专利产出的影响——上海市的实证研究 [J]. 经济研究，2003（6）：45-53.

[65] Alfred, W., Dean, T. Developing Relationships in Strategic Alliances: Commitment to Quality and Cooperative Interdependence [J]. Industrial Marketing Management, 2005, 34 (7): 722-731.

[66] Anderson, J. C., Narus, J. A. A model of Distributor Firm and Manufacturer Firm Working Partnerships [J]. Journal of Marketing, 1990, 54 (1): 42-58.

[67] Aragón - Correa, J. A., Sharma, S. A Contingent Resource-based View of Proactive Corporate Environmental Strategy [J]. Academy of Management Review, 2003, 28 (1): 71-88.

[68] Argyris, C., Schon, D. Organizational Learning: A Theory of Action Perspective [M]. Addison - Wesley, 1978.

[69] Arrow, K. Economic Welfare and the Allocation of Resources for Invention [J]. Nber Chapters, 1962: 609-626.

[70] Aulakh, P. S., Kotabe, M., Sahay, A. Trust and Performance in Cross-border Marketing Partnerships: A Benavioral Approuch [J]. Journal of International Business Studies, 1996, 27 (5): 1001-1032.

[71] Avolio, B. J., Zhu, W., Koh, W., Bhatia, P. Transformational Leadership and Organizational Commitment: Mediating Role of Psychologi-

cal Empowerment and Moderating Role of Structural Distance [J]. Journal of Organizational Behavior, 2004, 25 (8): 951 -968.

[72] Bandura, A. Social Foundations of Thought in Social Cognitive Theory [M]. NJ: Prentice Hall, 1986.

[73] Brickman, P., Sorrentino, R. M., Wortman, C. B. Commitment, Conflict, and Caring [J]. Englewood Cliffs, 1987.

[74] Buchanan, B. Building Organizational Commitment: Socialization of Managers in Work [J]. Organizations. Administrativ Science Quarterly, 1974, 19 (4): 533 -546.

[75] Cappelli, P., Sherer, P. D. The Missing Role of Context in OB: The Need for a Meso - Level Approach [J]. Research in Organizational Behavior, 1991, 13 (1): 55 -110.

[76] Cullen, J. B., Johnson, J. L., Sakano, T. Japanese and Local Partner Commitment to IJVs: Psychological Consequences of Outcomes and Investments in the IJV Relationship [J]. Journal of International Business Studies, 1995, 26 (1): 91 -116.

[77] Barney, J., Zhang, S. The Future of Chinese Management Research: A Theory of Chinese Management versus a Chinese Theory of Management [J]. Management and Organization Review, 2009, 5 (1): 15 -28.

[78] Baskaran, A. Competence Building in Complex System s in the Developing Countr ies: the Case of Satellite Building in India [J]. Technovation, 2001, 21 (2): 109 -121.

[79] Chen, C. C. New Trends in Reward Allocation Preferences: A Sino - U. S. Comparison [J]. Academy of Management Journal, 1995, 38 (2): 408 -428.

[80] Cheng, J. L. C. Notes: on the Concept of Universal Knowledge in Organization Science: Implications for Cross - National Research [J]. Management Science, 1994, 40 (1): 162 -168.

[81] Child, J. Context, Comparison, and Methodology in Chinese Management Research [J]. Management and Organization Review, 2009, 5 (1): 53-68.

[82] Davies, A., Brady, T. Organisational Capabilities and Learning in Complex Product Systems: towards Repeatable Solutions [J]. Research Policy, 2000, 29 (7): 931-953.

[83] Davies, A., Hobday, M. The Business of Projects: Managing Innovation in Complex Products and Systems [M]. Cambridge University Press, 2005.

[84] Dougherty, D. Understanding New Markets for New Products [J]. Strategic Management Journal, 1990: 11 (1): 59-78.

[85] Dwyer, R. F., Schurr, P. H. Developing Buyer-seller Relationships [J]. Journal of Marketing, 1987, 51 (2): 11-27.

[86] Dyer, J. H., Nobeoka, K. Creating and Managing a High Performance Knowledge Sharing Network: The Toyota Case [J]. Strategic Management Journal, 2000, 21 (3): 345-368.

[87] Edmondson, A., Moingeon, B. Organizational Learning and Competitive Advantage [M]. Mc Grawhill, 1997.

[88] Eisenhardt, K. M. Building Theories from Case Study Research [J]. Academy of management review, 1989, 14 (4): 532-550.

[89] Eisenberger, R., Cummings, J., Armeli, S., et al. Perceived Organizational Support, Discretionary Treatment, and Job Satiafaction [J]. Journal of Applied Psychology, 1997, 82 (5): 812-820.

[90] Fang, C., Lee, J., Schilling, M. A. Balancing Exploration and Exploitation through Structural Design: the Isolation of Subgroups and Organizational Learning [J]. Organization Science, 2010, 21 (3): 625-642.

[91] Fitzpatrick, W. M, Burke, D. R. Virtual Venturing and Entry Barriers: Redefining the Strategic Landscape. S. A. M [J]. Advanced Man-

agement Journal, 2001, 66 (4): 22 -30.

[92] Foss, N. J. More Critical Comments on Knowledge - Based Theories of the Firm [J]. Organization Science, 1996, 7 (5): 519 -523.

[93] Gallon, M. R., Stillman, H. M. Putting Core Competency Thinking into Practice [J]. International Journal of Technology Management, 1995, 11 (3 -4): 441 -450.

[94] Galunic, D. C., Eisenhardt, K. M. Architectural Innovation and Modular Corporate Forms [J]. Academy of Management Journal, 2001, 44 (6): 1229 -1249.

[95] Gann, D. M., Salter, A. J. Innovation in Project-based, Service-enhanced Firms: the Construction of Complex Products and Systems [J]. Research Policy, 2000, 29 (7 -8): 955 -972.

[96] Gershenson, J. K., Prasad, G. J. and Zhang, Y. Product Modularity: Definitions and Benefits [J]. Joumal of Engineering Design, 2003, 14 (3): 295 -313.

[97] Gilbert, C. G. Change in the Presence of Residual Fit: Can Competing Frames Coexist? [J]. Organization Science, 2006, 17 (1): 150 -167.

[98] Guennif, S., Ramani, S. V. Explaining Divergence in Catchingup in Pharma between India and Brazil Using the NSI Framework [J]. Research Policy, 2012, 41 (2): 430 -441.

[99] Gupta, S., Herrmann, J. W., Lam, G., Minis, I. Automated High Level Process Planning to Aid Design for Agile Manufacturing [C]. In Proc. 6th Annu. Industrial Engineering Research (IERC) Conf., Norcross, GA, 1997: 1 -19.

[100] Hackett, R. D., Bycio, P. An Evaluation of Employee Absenteeism as a Coping Mechanism among Hospital Nurses [J]. Journal of Occupational and Organizational Psychology, 1996, 69 (4): 327 -338.

[101] Hall, P., Soskice, D. Varieties of Capitalism: The Institutional Foundations of Comparative Advantage [M]. Oxford University Press, 2001.

[102] Hansen, K. L., Rush, H. Hotspots in Complex Product Systems: Emerging Issues in Innovation Management, Technovation [J]. 1998, 18 (9): 555 - 590.

[103] Hedberg, B. How Organizations Learn and Unlearn? [M]. Oxford University Press, 1981.

[104] Helfat, C. E. Know-how and Asset Complementarity and Dynamic Capability Accumulation: The case of R&D [J]. Strategic Management Journal, 1997, 18 (5): 339 - 360.

[105] Herriott, R. E., Firestone, W. A. Multisite Qualitative Policy Research: Optimizing Description and Generalizability [J]. Educational Researcher, 1983, 12 (2): 14 - 19.

[106] Hobday, M. Product Complexity, Innovation and Industrial Organisation [J]. Research Policy, 1998, 26 (6): 689 - 710.

[107] Hobday, M., Innovation in East Asia: The Challenge to Japan [M]. Edward Elgar Publishing, 1995.

[108] Hobday, M. The Project-based Organization: an Ideal Form for Managing Complex Products and Systems [J]. Research Policy, 2000, 29 (23): 871 - 893.

[109] Holsti O R. Content Analysis for the Social Sciences and Humanities [J]. American Sociological Review, 1970, 14 (11): 137 - 141.

[110] Howell, J. M., Avolio, B. J. Transformational Leadership, Transactional Leadership, Locus of Control and Support for Innovation: Key Predictors of Consolidated - Business - Unit Performance [J]. Journal of Applied Psychology, 1993, 78 (6): 891 - 902.

[111] Hughes, T. P. Networks of Power: Electrification in Western Society, 1880 – 1930 [M]. JHU Press, 1993.

[112] Hwang, K. K. Chinese Corporate Culture and Productivity [J]. Sun Yat – Sen Management Review, 1999, (7): 11 – 37.

[113] Jensen, M. B., Johnson, B., Lorenz, E., et al. Forms of Knowledge and Modes of Innovation [J]. Research policy, 2007, 36 (5): 680 – 693.

[114] Johns, G. The Essential Impact of Context on Organizational Behavior [J]. Academy of Management Review, 2006, 31 (2): 396 – 408.

[115] Kanungo, R. N. Measurement of Job and Work Involvement [J]. Journal of Applied Psychology, 1982, 67 (3): 341 – 349.

[116] Kash, D. E., Rycroft, R. W. Technology Policy in the 21st Century: How Will We Adapt to Complexity? [J]. Science and Public Policy, 1998, 25 (2): 70 – 86.

[117] Kash, D. E., Rycoft, R. W. Patterns of Innovating Complex Technologies: a Framework for Adaptive Network Strategies [J]. Research Policy, 2000, 29 (7 – 8): 819 – 831.

[118] Kash, D. E., Rycroft, R. W. Synthetic Technology – Analytic Governance: The 21st Century for Developing countries. [J]. Technological Forecasting and Social Change, 1997, 54 (1): 17 – 27.

[119] Katila, R., Ahuja, G. Something Old, Something New: A Longitudinal Study of Search Behavior and New Product Introduction [J]. Academy of Management Journal, 2002, 45 (6): 1183 – 1194.

[120] Kim, L. Imitation to Innovation: The Dynamics of Korea's Technological Learning [M]. Harvard Business School Press, 1997.

[121] Kostova, T., Roth, K. Adoption of an Organizational Practice by Subsidiaries of Multinational Corporations: Institutional and Relational Effects [J]. Academy of Management Journal, 2002, 45 (1): 215 – 233.

[122] Lampel, J., Shamsie, J. Capabilities in Motion: New Organizational Forms and the Reshaping of the Hollywood Movie Industry [J]. Journal of Management Studies, 2003, 40 (8): 2189-2210.

[123] Lavie, D. Alliance Portfolios and Firm Performance: A Study of Value Creation and Appropriation in the U. S. Software Industry [J]. Strategic Management Journal, 2007, 28 (12): 1187-1212.

[124] Lawler, E. J., Thye, S. R. Bringing Emotions into Social Exchange Theory [J]. Annual Review of Sociology, 1999, 25 (1): 217-244.

[125] Lee, J., Bae, Z., Choi, D. Technology Development Process in a Developing Country: a Global Perspective Model [J]. R&D Management, 1998, 18 (3): 235-250.

[126] Leonard, Barton, D. Core Capabilities and Rigidities: A Paradox in Managing New Product Development [J]. Strategic Management Journal, 1992, (13): 111-125.

[127] Lerner, R. M. Concepts and Theories of Human Development (3rd ed) [M]. Lawrence Erlbanm Associatesm, 2002.

[128] Miller, R., Hobday, M., Leroux-Demers, T., et al. Innovation in Complex Systems Industries: the Case of Flight Simulation [J]. Industrial and Corporate Change, 1995, 4 (2): 363-400.

[129] Leung, K. Never the Twain Shall Meet? Integrating Chinese and Western Management Research [J]. Management and Organization Review, 2009, 5 (1): 121-129.

[130] Levinthal, D. A., March, J. G. The Myopia of Learning [J]. Strategic Management Journal, 1993, 14 (S2): 95-112.

[131] Li, P. P., Bai, Y., Xi, Y. The Contextual Antecedents of Organizational Trust: A Multidimensional Cross-Level Analysis [J]. Management and Organization Review, 2011, 8 (2): 371-396.

[132] Li, Y. H., Huang, J. W. Exploitative and Exploratory Learning

in Transactive Memory Systems and Project Performance [J]. Information and Management, 2013, 50 (6): 304 – 313.

[133] Liden, R. C., Maslyn, J. M. Multid Imensionality of Leader-member Exchange: An Empirical Assessment through Scale Development [J]. Journal of Management, 1998, 24 (1): 43 – 72.

[134] Liu, X. China's Catch-up and Innovation Model in it Industry [J]. International Journal of Technology Management, 2010, 51 (2): 194 – 216.

[135] Lu, J., Liu, X., Wang, H. Motives for Outward FDI of Chinese Private Firms: Firm Resources, Industry Dynamics, and Government Policies [J]. Management and Organization Review, 2011, 7 (2): 223 – 248.

[136] Lu, L., Liung, K., Koch, P. T. Managerial Knowledge Sharing: The Role of Individual, Interpersonal, and Organizational Factors [J]. Management and Organization Review, 2006, 2 (1): 1740 – 1776

[137] Lusch, R. F., Brown, J. R. Interdependency, Contracting, and Relational Behavior in Marketing Channels [J]. Journal of Marketing, 1989, 60 (4): 19 – 38.

[138] March, J. Exploration and Exploitation Organizational Learning [J]. Organization Science, 1991, 2 (1): 71 – 87.

[139] Marcus, A. A., Anderson, M. H. A General Dynamic Capability: Does It Propagate Business and Social Competencies in the Retail Food Industry? [J]. Journal of Management Studies, 2006, 43 (1): 19 – 46.

[140] Mathieu, J. E. A. Cross-level Nonrecursive Model of the Antecedents of Organizational Commitment and Satisfaction [J]. Journal of Applied Psychology, 1991, 76: 492 – 499.

[141] Meyers, P. W. Non-linear Learning in Large Technological Firms: Period four Implies Chaos [J]. Research Policy, 1990, 19 (90):

97 –115.

[142] Moorman, R. H., Blakely, G. L., Niehoff, B. Are Citizenship Behaviors In-role or Extra-role? [C]. Midwest Academy of Management meetings, 1998.

[143] Mowday, R. T., Sutton, R. I. Organizational Behavior: Linking Individuals and Groups to Organizational Contexts [J]. Annual Review of Psychology, 1993, 44 (1): 195 –229.

[144] Mu, Q., Lee, K. Knowledge Diffusion, Market segmentation and Technological Catch-up: The Case of the Telecommunication Industry in China [J]. Research Policy, 2005, 34 (6): 759 –783.

[145] Muuss, R. E. Theories of Adolescence (6th ed) [M]. The McGraw – Hill Companies, Inc, 1996.

[146] Nonaka, I., Umemoto, K., Senoo, D. From Information Processing to Knowledge Creation: A Paradigm Shift in Business Management [J]. Technology in Society. 1996, 18 (96): 203 –218.

[147] O'Driscoll, M. P., Randall, D. M. Perceived Organizational Support, Satisfaction with Rewards, and Employee Job Involvement and Organizational Commitment [J]. Applied Psychology, 1999, 48 (2): 197 –209.

[148] O'Reilly, C. A., Chatman, J. Organizational Commitment and Psychological Attachment: The Effects of Compliance, Identification, and Internalization on Prosocial Behavior [J]. Journal of Applied Psychology, 1986, 71 (3): 492 –499.

[149] Organ, D. W. Organizational Citizenship Behavior: The Good Soldier Syndrome. Lexington [M]. MA: Lexington Books. 1988.

[150] Pablo, A. L., Reay, T., Dewald, J. R., et al. Identifying, Enabling and Managing Dynamic Capabilities in the Public Sector [J]. Journal of Management Studies, 2007, 44 (5): 687 –708.

[151] Patton, M. Q. How to Use Qualitative Methods in Evaluation [M]. Newbury Park, CA: Sage, 1987.

[152] Paullay, I. M., Alliger, G. M., Stone - Romero, E. F. Construct Validation of Two Instruments Designed to Measure Job Involvement and Work Centrality [J]. Journal of Applied Psychology, 1994, 79 (2): 253 - 258.

[153] Pepper, S. C. Word Hypotheses [M]. University of California Press, 1942.

[154] Porter, L. W., Steers, R. M., Mowday, R. T., Boulian, P. V. Organizational Commitment, Job Satisfaction, and Turnoveramong Psychiatric Technicians [J]. Journal of Applied Psychology, 1974, 59 (5): 603 - 609.

[155] Powell, W. W., Koput, K. W., Smith - Doerr, L. Interorganizational Collaboration and the Locus of Innovation: Networks of Learning in Biotechnology [J]. Administrative Science Quarterly, 1996, 41 (1): 116 - 145.

[156] Prahalad, C. K. The Role of Core Competencies in the Corporation [J]. Research - Technology Management, 1993, 36 (6): 40 - 49.

[157] Prahalad, C. K., Hamel, G. The Core Competency of the Corporation [J]. Harvard Business Review, 1990, 68 (3): 79 - 93.

[158] Prahalad, C. K., Hamel, G. Strategy as a Field of Study: Why Search for a New Paradigm? [J]. Strategic Management Journal, 1994, 15 (Supplement S2): 5 - 16.

[159] Prencipe, A. Breadth and Depth of Technological Capabilities in CoPS: the Case of the Aircraft Engine Control System [J]. Research Policy, 2000, 29 (7): 895 - 911.

[160] Putranto, K., Stewart, D., Moore, G., International Technology Transfer and Distribution of Technology Capabilities: the Case

of Railway Development in Indonesia [J]. Technology in Society, 2003, 25 (1): 43 -53.

[161] Redding, S. G. The Spirit of Chinese Capitalism [M]. Walter de Gruyter, 1990.

[162] Reichers, A. E. A Review and Reconceptualization of Organizational Commitment [J]. Academy of Management Review, 1985, 10 (3): 465 -476.

[163] Rosenberg, Nathan, Sources of Innovation in Developing Economica: Reflections on the Asian Experience [C]. Paper for Presentation as the Herrera Lecture at the Institute for New Technology, Maastricht, the Netherlands Stanford University, 2002.

[164] Rowley, T., Behrens, D., Krackhardt, D. Redundant Governance Structures: An Analysis of Relational and Structural Embeddedness in the Steel and Semiconductor Industries [J]. Strategic Management Journal, 2000, 21 (3): 369 -386.

[165] Sabherwal, R., Chan, Y. E. Alignment between Business and IS Strategies: A Study of Prospectors, Analyzers and Defenders [J]. Information Systems Research, 2001, 12 (1): 11 -33.

[166] Sanjeev, K. B., William, W. C., Hirofumi, M. Flexibility, Adaptability and Efficiency in Manufacturing Systems [J]. Production and Operations Management, 1999, 8 (2): 133 -150.

[167] Sarkar, B., Aulakh, S., Cavusgil, T. The Strategic Role of Relational Bonding in Interorganizational Collaborations: An Empirical Study of the Global Construction Industry [J]. Journal of International Management, 1998, 4 (2): 85 -107.

[168] Senge, P. M. The Fifth Discipline: The Art and Practice of the Learning Organization [M]. Doubileday, 1990.

[169] Shenhar, A. J. From Low-to High - Tech Project Management

[J]. R&D Management, 1993, 23 (3): 199 -214.

[170] Shenhar, A. J. A New Conceptual Framework for Modern Project Management [C]//In: KhalilTM, BayraktarB A (Eds). Management of Technology, IV, 1994.

[171] Sosa, M. E., Eppinger, S. D., Pich, M., et al. Factors that Influence Technical Communication in Distributed Product Development: an Empirical Study in the Telecommunications Industry [J]. Engineering Management, 2002, 49 (1): 45 -58.

[172] Sparrowe, R. T., Liden, R. C. Process and Structure in Leader-member Exchange [J]. Academy of Management Review, 1997, 22 (2): 522 -552.

[173] Steven, S., Lui, H. N., Alice, H. Y. Coercive Strategy in Interfirm Cooperation: Mediating Roles of Interpersonal and Interorganizational Trust [J]. Journal of Business Research, 2006, 59 (4): 466 -474.

[174] Strauss, A., Corbin, J. Grounded Theory Methodlogy - An Overview [A]. Norman, D. Vonnaeds Handbook of Qualitative Research [C]. Thousand Oaks: Sage Publications, 1994.

[175] Teece, D. J. Strategies for Managing Knowledge Assets: The Role of Firm Structure and Industrial Context [J]. Long Range Planning, 2001, 33 (1): 35 -54.

[176] Teece, J. Explicating Dynamic Capabilities: The Nature and Microfoundations of (Sustainable) Enterprise Performance [J]. Strategic Management Journal, 2007, 28 (13): 1319 -1350.

[177] Tolman, E. C. Purposive Behavior in Animals and Men [M]. Appleton Century Crofts, 1932.

[178] Tsui, A. S. Contributing to Global Management Knowledge: A Case for High Quality Indigenous Research [J]. Asia Pacific Journal of Management, 2004, 21 (4): 491 -513.

[179] Tsui, A. Contextualization in Chinese Management Research [J]. Management and Organization Review, 2006, 2 (1): 1 –13.

[180] Wagner, D. G. , Berger, J. Do Sociological Theories Grow? [J]. American Journal of Sociology, 1985, 90 (4): 697 –728.

[181] Walker, W. , Graham, M. , Harbor, B. From Components to Integrated Systems: Technological Diversity and Integration between the Military and Civilian Sectors, In Gummett P. , Reppy J. (eds.), the Relations between Defence and Civil Technologies [M]. Kluwer Academic Publications, 1988.

[182] Wang, L. , Ahmed, K. Dynamic Capabilities: A Review and Research Agenda [J]. International Journal of Management Reviews, 2007, 9 (1): 31 –51.

[183] Wang, Q. , Von Tunzelmann, N. Complexity and the Functions of the Firm: Breadth and Depth [J]. Research Policy, 2000, 29 (7 –8): 805 –818.

[184] Whetten, D. A. , an Examination of the Interface between Context and Theory Applied to the Study of Chinese Organizations [J]. Management and Organization Review, 2009, 5 (1): 29 – 55 [19] Woodward, J. Management and Technology [M]. HM Stationery Off, 1958.

[185] Wiener, Y. Commitment in Organizations: A Normative View [J]. Academy of Management Review, 1982, 7 (3): 418 –428.

[186] William, M. K. , Trochim, W. Outcome Pattern Matching and Program Theory [J]. Evaluation and Priguam Planning, 1989, 12 (4): 355 –366.

[187] Xie, W. , Wu, G. Differences between Learning Processes in Small Tigers and Large Dragons: Learning Processes of two Color TV (CTV) Firms within China [J]. Research Policy, 2003, 32 (8): 1463 –

1479.

[188] Yin, R. K. Case Study Research: Design and Methods [M]. Sage Publications, 2008.

[189] Yukl, G. Leadership in Organizations [M]. 5th ed. Prentice - Hall, 2002.

[190] Yukl, G. A. Managerial Leadership: A Review of Theory and Research [J]. Journal of Management, 1984, 15 (2): 251 - 289.

[191] Yusuf, Y. Y., Gunasekaran, A., Adeleye, E. O., et al. Agile Supply Chain Capabilities: Determinants of Competitive Objectives [J]. European Journal of Operational Research, 2004, 159 (2): 379 - 392.

[192] Zahra, S. A., Sapienza, H. J., Davidsson, P. Entrepreneurship and Dynamic Capabilities: A Review, Model and Research Agenda [J]. Journal of Management Studies, 2006, 43 (4): 917 - 955.

[193] Zhao, S. M., Jiang, C. Y. Learning by Doing: Emerging Paths of Chinese Management Research [J]. Management and Organization Review, 2009, 5 (1): 107 - 119.

后　记

最近在看一本书——凯迪克大奖绘本《小报童》：小报童早晨起床时，家人都还在沉睡之中，他赖床的念头仅仅一闪而过，无须他人监督，他开始打包、送报，毫无懈怠；对于早晨的动画片，他也没有驻足停留。他与小狗赛跑，迎来太阳，又仰看月亮，心中充满无限希望。很多人的学习与写作过程与这个绘本描述得很像，而我也是他们中的一员。秋天，带着对未来生活的憧憬我开始了博士生活，这是一个漫长、艰苦、经历磨炼但却快乐、充实的过程。春夏秋冬，寒来暑往，行色匆匆的人们为了自己的梦想努力奔波，我也在他们之中。还记得与同学一块上课的情境，与老师讨论的情境，打开熟悉的灯敲打键盘的声音……若干年后的夏天，我把凝结了无数汗水的博士论文修改、整理成第一部专著，与大家共同学习探讨。而写作的过程就像小报童在送报，需要每天坚持不懈，虽然平凡而又普通，但会给你带来飞向天空的翅膀。

张琳琳

2021 年 8 月于老家沈阳